DER WEG ZUR NEUORDNUNG DER ÖSTERREICHISCHEN BUNDESBAHNEN

VON

SIEGMUND SOLVIS
SEKTIONSCHEF A. D., VORMALIGER VORSTAND DER KOMMERZIELLEN SEKTION DES EISENBAHNMINISTERIUMS

MIT EINEM ANHANGE, ENTHALTEND DAS BUNDESBAHN-GESETZ VOM 19. JULI 1923 UND DAS ZUGEHÖRIGE STATUT VOM 19. JULI 1923.

SPRINGER-VERLAG
BERLIN HEIDELBERG GMBH
1933

ISBN 978-3-662-31439-5 ISBN 978-3-662-31646-7 (eBook)
DOI 10.1007/978-3-662-31646-7

Vorwort

Unter allen Gestaltungsformen, welche das Eisenbahnwesen in den modernen Kulturstaaten gefunden hat, wurde das reine Staatsbahnsystem als dasjenige erkannt, welches die Aufgabe der Eisenbahnpolitik des Staates, die einheitliche Regelung innerhalb des Staatsgebietes und die Förderung der beteiligten öffentlichen Interessen vollauf zu erfüllen vermag. Man glaubte daher das Staatsbahnsystem als den Abschluß der Entwicklung ansehen zu können.

Der Weltkrieg hat jedoch für die Eisenbahnen fast aller Staaten eine organische Umstellung mit sich gebracht. Die Eisenbahnentwicklung der Nachkriegszeit ist gekennzeichnet durch Bestrebungen, die man in dem Begriffe Autonomisierung zusammenfaßte und die im engsten Zusammenhange stehen mit der Lösung finanzieller Sanierungsprobleme. Die finanzielle Notlage, in welche Österreich durch den Friedensvertrag von St. Germain versetzt wurde und die auch darin ihren Ausdruck fand, daß der Umfang des uns verbliebenen Eisenbahnnetzes auf den vierten Teil reduziert wurde, hat die Aufmerksamkeit des Völkerbundes auf Österreich in besonderem Maße gelenkt. Unter Mitwirkung des Völkerbundes ist das Gesetz vom 23. Juli 1923 zustandegekommen, durch welches die Bundesbahnen in einen selbständigen Wirtschaftskörper umgewandelt wurden. Dem Versuch, auf dem Wege der Kommerzialisierung die Eisenbahnverwaltung von der allgemeinen Finanzverwaltung unabhängig zu machen, ist der Erfolg leider versagt geblieben. Unter diesen Umständen kommt der Frage des Verwaltungssystems für die zukünftige Entwicklung der Bundesbahnen große Bedeutung zu.

Wenn man die Wandlungen überblickt, welche das Staatsbahnwesen in Österreich seit dem Jahre 1842, in welchem zum erstenmal eine „Generaldirektion für die Staatsbahnen" errichtet wurde, erfahren hat, so sieht man, daß es eigentlich immer nur finanzielle Bedürfnisse waren, die in den Beziehungen zwischen den Eisenbahnen und der Staatswirtschaft große prinzipielle Umwälzungen hervorgerufen haben. Die ungestörte Aufrechterhaltung des Staatsbahnsystems der fünfziger Jahre hätte, falls sie staatsfinanziell durchführbar gewesen wäre, dem Staatsschatze große Verluste erspart, die Erweiterung des Netzes aber, welche das damals mit den Privatgesellschaften hereingekommene fremde Kapital übernahm, hätte mit den Mitteln des Staates, dessen finanzielle Lage während der sechziger Jahre durch hohe Gebarungsdefizite und eine Zinsenreduktion der Staatsschuld gekennzeichnet ist, nie bewirkt werden können. Ebenso unterliegt es keinem Zweifel, daß das Garantiesystem, das der letzten Staatsbahnära vorangegangen ist, wenn man rechtzeitig vermocht hätte, es unter Vermeidung seiner Auswüchse auf entwicklungsfähige Privatbahnen einzuschränken — der Staat war jährlich im Höchstfalle mit 46 Millionen Kronen und im ganzen mit rund 680 Millionen Kronen belastet —, früher oder später zu finanziell befriedigenden Ergebnissen geführt haben würde.

Die gleichen Erwägungen gelten für die Kommerzialisierung der Bundesbahnen und deren Neuordnung. Alle Ersparungsmaßnahmen in der Hoheitsverwaltung müssen ihre Wirkung verfehlen, so lange die Bundesbahnen nicht auf eine feste finanzielle Grundlage gestellt werden. In den Bundesbahnen liegt heute der Schlüssel unserer finanzpolitischen Lage. Der Vertreter des Finanzkomitees des Völkerbundes in Österreich, Herr Rost van Tonningen, hat daher in seinem letzten Jahresbericht es als dringend bezeichnet, daß ein Mittel für das gegenwärtige kritische Problem der Bundesbahnen gefunden werde.

Bei dem Versuch, eine Lösung dieses Problems zu finden, wird man an der Tatsache nicht vorübergehen können, daß mit der Entwicklung des Kraftwagens in der Stellung der Eisenbahnen zur Gesamtwirtschaft des Staates eine grundlegende Änderung eingetreten ist. Der Umstand, daß von einem Verkehrsmonopol der Eisenbahnen nicht mehr gesprochen werden kann und die Eisenbahninteressen als solche mit den Interessen der Gesamtwirtschaft nicht identifiziert werden können, erfordert auch eine neue geistige Einstellung zur Frage des Staatsbahnprinzips.

Von dem Gedanken ausgehend, daß die Geschichte vergangener Zeiten als der Spiegel der Zukunft anzusehen sei, habe ich geglaubt, der eigentlichen Behandlung des Bundesbahnproblems eine Darstellung der verschiedenen Wandlungen vorausschicken zu sollen, welche im Verwaltungssystem des staatlichen Eisenbahnwesens in Österreich der gegenwärtigen Kommerzialisierung vorangegangen sind.

Wien, im August 1933

Der Verfasser

Inhaltsübersicht

I. Wandlungen im Verwaltungssystem der österreichischen Staatsbahnen

1.

1842—1854

K. k. Generaldirektion für die Staatseisenbahnen. — Die Generaldirektion wird als besondere Abteilung dem neuerrichteten Ministerium für öffentliche Arbeiten einverleibt. — Vereinigung der Ministerien für öffentliche Arbeiten sowie für Handel in ein Ministerium für Handel, Gewerbe und öffentliche Bauten. — In unmittelbarer Unterordnung unter das Ministerium wird eine Generalbaudirektion und eine Generaldirektion der Kommunikationen errichtet. — An die Stelle der Generalbaudirektion tritt die K. k. Zentraldirektion für Eisenbahnbauten. — Auflösung der Generaldirektion für Kommunikationen und Übernahme deren Agenden durch das Ministerium für Handel, Gewerbe und öffentliche Bauten.

Eine schwere Krisis im Jahre 1841, die sich auf alle wirtschaftlichen Gebiete erstreckte und den Geldmarkt lahmlegte, brachte den im Jahre 1836 begonnenen Bau der Kaiser-Ferdinands-Nordbahn zum Stillstand. In dieser kritischen Zeit trat die Verwaltung an die Allgemeine Hofkammer mit der Erklärung heran, daß sie unter den herrschenden Verhältnissen nicht in der Lage sei, ohne werktätige Unterstützung der Staatsverwaltung den Privilegiumsbedingungen zu entsprechen. Sie bat, die Aufbringung der zum Weiterbau erforderlichen Geldmittel durch Zinsengarantien zu ermöglichen. An der Spitze der Allgemeinen Hofkammer stand damals ein weitblickender Staatsmann, Freiherr von Kübeck, und seiner Initiative hat Österreich die ersten Staatsbahnen zu danken. Dies kam in dem Handschreiben zum Ausdruck, welches Kaiser Ferdinand am 19. Dezember 1841 an den Freiherrn von Kübeck richtete. Als oberstes Verwaltungsprinzip wurde in diesem Handschreiben erklärt, daß in Österreich nicht mehr wie bis dahin bloß Privatbahnen, sondern Staats- und Privatbahnen bestehen sollen. Als Betriebssystem für die erbauten Staatsbahnen wurde die Verpachtung des Fahrbetriebes an Privatunternehmen in Aussicht genommen. Die Organisation des Dienstes für die Staatsbahnen wurde derart geregelt, daß die oberste Leitung dem Hofkammerpräsidenten Freiherrn von Kübeck übertragen wurde. Für die unmittelbare Geschäftsbesorgung wurde die Errichtung einer dem Hofkammerpräsidenten unmittelbar untergeordneten technisch-administrativen Behörde, der „K. k. Generaldirektion für die Staatsbahnen“ verfügt. Mit kaiserlicher Entschließung vom 3. Januar 1842 wurde der Hofbaurat Hermenegild Francesconi, der bereits seit längerem als Referent in allen Eisenbahnangelegenheiten beim Hofbaurate fungierte, zum Vorsteher der Generaldirektion für die Staatseisenbahnen ernannt. Auf Grund der von Francesconi ausgearbeiteten Vorschläge erhielt die Organisation der neuen Generaldirektion am 23. Februar 1842 die kaiserliche Genehmigung. Neben dem Generaldirektor Francesconi wurden zwei Inspektoren ernannt, und zwar k. k. Rat Alois Negrelli für den Bau der nördlichen und k. k. Rat Ghega für den Bau der südlichen Linien.

Die Generaldirektion hatte vier Abteilungen, nämlich eine technische, eine administrative, ein Rechnungsdepartement und eine Abteilung für Kanzleimanipulation. Der äußere Dienst wurde durch sieben Oberingenieur-Abteilungen mit der entsprechenden Anzahl von Ingenieuren besorgt. Eine überaus einfache Organisation, die mehr auf Vertrauen und persönlicher Kontrolle der leitenden Beamten beruhte und in der jeder bürokratische Zug vermieden war, förderten in außerordentlichem Maße den Fortgang der Arbeiten.

Obwohl in dem kaiserlichen Handschreiben vom 19. Dezember 1841 ausgesprochen war, daß der Fahrbetrieb auf den Staatsbahnen an Privatunternehmer zu überlassen sei, wies Baron Kübeck die Generaldirektion an, die Frage zu studieren, ob der Bahnbetrieb der Staatsbahnen nicht doch zweckmäßiger im Wege der Eigenregie des Staates zu besorgen wäre. Negrelli und Ghega sprachen sich für die Festhaltung an der Verpachtung aus. Dieser Meinung schloß sich dann auch Francesconi selbst an. Die Vertreter des Pachtbetriebes machten geltend, daß, wenn auch die Festsetzung entsprechender Pachtbedingnisse schwierig sei, der Pachtbetrieb doch den großen Vorteil biete, daß die Staatsverwaltung von zahllosen Administrations- und technischen Details befreit bleibe, welche mit der Anstellung einer großen Anzahl von Bediensteten mit verwickelten Rechnungslegungen verbunden wären. Was aber die Wahrung der öffentlichen Rücksichten betrifft, so könne durch eine entsprechende Fassung der Pachtbedingnisse Vorsorge getroffen werden. Der Abschluß der Pachtverträge entsprach indessen nicht den Erwartungen, denn mit Ausnahme der Kaiser-Ferdinands-Nordbahn und der Wien-Gloggnitzer-Eisenbahn kämpften fast alle übrigen Unternehmungen mit finanziellen Schwierigkeiten. Die Wien-Gloggnitzer-Eisenbahn gewann von dem lebhaften Personenverkehr, während die Kaiser-Ferdinands-Nordbahn, seitdem sie das Ostrauer Kohlenrevier und die preußische Grenze erreichte, einen regen Frachtenverkehr aufwies. Die finanziellen Verlegenheiten der Unternehmungen führten soweit, daß die Bahnen an die Staatsverwaltung um Hilfe herantraten. Dies veranlaßte letztere mit Allerhöchster Entschließung vom 18. November 1846 zur Errichtung einer eigenen außerordentlichen Kreditkasse mit dem ausdrücklichen Befehle, Eisenbahnaktien im geeigneten Wege anzukaufen. Ende 1847 befand sich die Staatsverwaltung im Besitze der Majorität der ungarischen Zentralbahn, der lombardisch-venezianischen Ferdinandsbahn, der Gloggnitzerbahn und der Ödenburgerbahn. Damit war die erste Verstaatlichungsära in Österreich eingeleitet.

Am 6. August 1844 erfolgte der Abschluß des Betriebsvertrages mit der Wien-Gloggnitzer-Bahn. Nach diesem Vertrage übernahm die Wien-Gloggnitzer-Bahn zunächst auf der Staatsbahnstrecke von Mürzzuschlag nach Graz, deren Eröffnung am 21. Oktober 1844 stattfand, sowie auf den während der Pachtzeit zur Vollendung gelangenden weiteren Strecken der Wien-Triester-Staatsbahn die Besorgung des Fahrbetriebes. Der ausschließlichen Entscheidung der Staatsverwaltung wurden vorbehalten: Die Festsetzung der Preistarife für die Personen- und Güterbeförderung sowie der Fahrplan. Der Pachtvertrag wurde für die Dauer vom 2. Juni 1846 bis 1. Juni 1851 abgeschlossen. Ein halbes Jahr später wurde auf derselben Grundlage der Vertrag mit der Kaiser-Ferdinands-Nordbahn wegen Besorgung des Betriebes auf der nördlichen Staatsbahn zum Abschlusse gebracht, und zwar für die Dauer bis 31. August 1850.

Die großen politischen Umwälzungen des Jahres 1848 blieben selbstverständlich nicht ohne Einfluß auf die weitere Entwicklung des Eisenbahnwesens. An Stelle der zur obersten Leitung des Staates kollegial organisierten Hofbehörden trat das Ministerialsystem. Mit kaiserlicher Entschließung vom 9. Mai wurde ein Ministerium für öffentliche Arbeiten errichtet. Die Generaldirektion für die Staatseisenbahnen als solche wurde aufgehoben und vereint mit dem Telegraphenamte dem Ministerium für öffentliche Arbeiten als eine besondere Abteilung einverleibt. Als am 21. November 1848 eine Neubildung des Kabinetts erfolgte, wurden die Ministerien für öffentliche Arbeiten sowie für Handel, Gewerbe und Ackerbau in ein Ministerium für Handel, Gewerbe und öffentliche Bauten und in ein solches für Landeskultur und Bergwesen umgewandelt. An die Spitze des ersteren Ministeriums, dem fortab die Leitung auch des Eisenbahnwesens obliegen sollte, wurde Abgeordneter Karl Ritter von Bruck, bisher Direktor des Österreichischen Lloyd, berufen, der später einen maßgebenden Einfluß auf die Entwicklung des Eisenbahnwesens ausübte.

Nach der am 2. Dezember 1848 erfolgten Thronbesteigung des Kaisers Franz Josef I., wurde auf Grund kaiserlicher Entschließung vom 22. Dezember auch die Leitung der Postanstalten, die bis dahin noch im Finanzministerium verblieben waren, dem Ministerium für Handel, Gewerbe und öffentliche Bauten übertragen. Mit einer Verordnung des Ministeriums vom 23. März 1849 wurde verfügt, daß die bisher von der „Generaldirektion für die Staatsbahnen" besorgten Geschäfte fernerhin in zwei getrennten Sektionen bei dem Ministerium selbst, nämlich in der Sektion für den Bau und in derjenigen für den Betrieb der Staatsbahnen, zu besorgen seien.

Indessen hatte die öffentliche Meinung begonnen, die abgeschlossenen Pachtverträge ungünstig zu kritisieren. Die Beschwerden über Übelstände im Betriebe häuften sich, während der finanzielle Erfolg hinter allen Erwartungen zurückblieb. Alle diese Momente waren für den Handelsminister Bruck bestimmend, unter Hinweis auf die günstigen Erfahrungen, die man mit dem Staatsbetrieb im Auslande machte, auf die Nichterneuerung der Pachtverträge hinzuwirken, und mit kaiserlicher Entschließung vom 8. September 1849 wurde Minister Bruck ermächtigt, daß nach Ablauf der bestehenden Pachtverträge der Betrieb der Staatsbahnen sowohl in nördlicher wie in südlicher Richtung in eigene Verwaltung des Staates übergehe. Unter diesen Umständen erwies sich eine neue Organisation des Ministeriums für Handel, Gewerbe und öffentliche Bauten als notwendig, um auch für die Organisation des staatlichen Eisenbahnbetriebes Vorsorge zu treffen.

Der neuen Organisation, welche am 13. Oktober 1849 genehmigt wurde, lag der Gedanke zugrunde, daß in unmittelbarer Unterordnung unter das Ministerium einerseits der Staatseisenbahnbau mit dem übrigen öffentlichen Bauwesen in einer „General-Baudirektion" zusammengelegt, andererseits der Staatseisenbahnbetrieb mit der Verwaltung der Post und des Telegraphen in einer „Generaldirektion der Kommunikationen" vereinigt wurde. Letztere zerfiel in drei Abteilungen: 1. Für den Eisenbahnbetrieb, 2. für das Postwesen und 3. für die Telegraphie. An der Spitze der ersten Abteilung stand ein Generaldirektor mit dem Rang eines Sektionsrates. Von dem Zeitpunkt an, mit welchem der Eigenbetrieb des Staates zu beginnen hatte, sollten in Unterordnung unter die Generaldirektion der Kommunikationen Eisenbahnbetriebsdirektionen errichtet werden, deren Verwaltungsgebiet nicht nach der politischen Einteilung der Kronländer, sondern nach den besonderen Verhältnissen der einzelnen Bahnlinien abgegrenzt werden sollte. Obwohl der Pachtvertrag mit der Kaiser-Ferdinands-Nordbahn erst am 1. September 1850 endigte, wurde der Betrieb der nördlichen Staatseisenbahn schon am 1. Mai 1850 in die Eigenverwaltung des Staates übernommen und provisorisch eine k. k. Betriebsdirektion der nördlichen Staatseisenbahn mit dem Sitz in Prag errichtet.

Da sich nunmehr die Notwendigkeit ergab, für die Organisation des Staatsbetriebes ab 1. Juni 1851 auch auf der bis dahin im Pachtbetriebe der Wien-Gloggnitzer-Bahngesellschaft gestandenen südlichen Staatseisenbahn und weiter vom Jahre 1852 an auf der infolge Ankaufes gleichfalls ins Eigentum des Staates übergegangenen Krakau-oberschlesischen-Eisenbahn vorzusorgen, wurde auf Grund der bisher gewonnenen Erfahrungen eine definitive und einheitliche Organisierung des Betriebes auf sämtlichen Staatsbahnen geschaffen. Hiebei war der Grundsatz maßgebend, daß die Technik und die Administration als gleichwertige Faktoren behandelt werden sollen. Der Betriebsdirektor sollte demnach sowohl ein administrativer als ein technischer Beamter sein können, während der Stellvertreter stets dem anderen Zweig anzugehören hatte. Beide Oberbeamten bildeten zusammen den Vorstand der Direktion.

Minister von Baumgartner erblickte aber in dem Nebeneinanderbestehen einer eigenen Ministerialsektion für die Verkehrsanstalten und einer Generaldirektion der Kommunikationen außerhalb des Ministeriums eine ebenso überflüssige wie kostspielige Einrichtung, die nur geeignet sei, den Wirkungskreis in mehr Teile zu zersplittern, als es durch die Natur des Eisenbahnbetriebsgeschäftes gefordert werde. Außerdem ließ ihm die Tatsache, daß die Generaldirektion der Kommunikationen eigentlich aus drei selbständig nebeneinander bestehenden Generaldirektionen für den Eisenbahnbetrieb, für den Postbetrieb und für das Telegraphenwesen bestand, die wünschenswerte Einheit der Leitung vermissen.

Es wurde daher mit Wirksamkeit vom 1. Januar 1852 die Generaldirektion für den Eisenbahnbetrieb und das Postwesen sowie die Direktion der Telegraphen, welche bis dahin zusammen die dem Ministerium untergeordnete Generaldirektion der Kommunikationen ausmachten, in ihrem damaligen Bestand aufgelöst und wurde an deren Stelle eine Generaldirektion der Kommunikationen eingesetzt, die zugleich als eine Sektion des Ministeriums für Handel, Gewerbe und öffentliche Bauten einen selbständigen, aber integrierenden Teil desselben zu bilden hatte.

Die Erwägung, daß der Eisenbahnbau nach anderen Gesichtspunkten ausgeführt werden müsse als andere Bauten, derselbe sich daher nur schwer mit den anderen Zweigen des öffentlichen Baudienstes verbinden ließ, bildeten die Veranlassung, mit Wirksamkeit vom 1. Oktober 1852 die bisher bestandene Generalbaudirektion aufzuheben und die Leitung der Eisenbahnbauten einer eigenen Behörde zu übertragen, die unter dem Titel „K. k. Central-Direktion für Eisenbahnbauten“ errichtet wurde und mit deren Leitung Sektionsrat Dr. Carl Ritter von Ghega als Zentraldirektor mit dem Rang eines Ministerialrates berufen wurde.

Was den Wirkungskreis und den Geschäftsgang der Zentraldirektion betraf, so griff man im allgemeinen auf jene Amtsinstruktion zurück, die seinerzeit mit dem Hofkammerdekrete vom 13. März 1842 für die Generaldirektion für die Staatsbahnen erlassen worden war und die sich in ihrer Einfachheit so vortrefflich bewährt hatte. Dies galt insbesondere bezüglich der größeren Berücksichtigung des administrativen Elements bei der Führung der Geschäfte, während die bestandene Generalbaudirektion als eine rein technische Behörde organisiert war. Die Zentralbaudirektion unterstand einer Sektion des Ministeriums für Handel, Gewerbe und öffentliche Bauten, welche auch die Geschäfte der Wasserstraßen und des Hochbaues in oberster Linie zu überwachen hatte.

Eine gleiche Geschäftsvereinfachung wurde bald darauf auch für die Angelegenheiten des Eisenbahnbetriebes eingeführt. Über Antrag des Ministers von Baumgartner wurde mit kaiserlicher Entschließung vom 10. Oktober 1853 die Auflösung der bis dahin diesem Ministerium einverleibten Generaldirektion für Kommunikationen ausgesprochen und angeordnet, daß deren Geschäfte, soweit sie zur Zentralleitung gehören, von dem Handelsministerium wie alle anderen ihm zustehenden Geschäfte als reine Ministerialagenden behandelt werden. Zugleich trat eine Änderung in der

Geschäftseinteilung des Ministeriums ein, indem die bisher getrennt in zwei Sektionen behandelten Zweige des Eisenbahnbaues und -betriebes in einer Sektion vereinigt wurden. Im Interesse der weitestgehenden Geschäftsvereinfachung und Vereinheitlichung des ganzen Dienstorganismus des Ministeriums wurde auf Grund weiterer kaiserlicher Genehmigung vom 21. November 1853 auch die gemäß der Eisenbahnbetriebsordnung errichtete Generalinspektion für Kommunikationen aufgelöst und deren Agenden dem Ministerium übertragen.

Im Zuge der Reorganisation der obersten leitenden Zentralstelle wurde auch die Dienstesorganisation für die dem Ministerium unmittelbar unterstellten Eisenbahnbetriebsdirektionen einer Änderung unterzogen. Auf Grund kaiserlicher Genehmigung vom 22. August 1853 wurde mit Rücksicht auf die gesteigerten Anforderungen des Verkehres, um einen rascheren Gang der Geschäfte zu erzielen, die Gesamtleitung des Betriebsdienstes, welche bis dahin mit nicht ganz befriedigendem Erfolge zwischen dem technischen und dem administrativen Direktionsvorstand geteilt war, in einheitlicher Weise einem administrativen Direktor anvertraut. Gleichzeitig wurden die Betriebsdirektionen angewiesen, den schriftlichen Geschäftsverkehr überall soviel als möglich zu vereinfachen und zu allen jenen Verfügungen ermächtigt, welche nicht ausdrücklich der Genehmigung des Ministeriums für Handel, Gewerbe und öffentliche Bauten vorbehalten waren.

Die bisher in kurzen Umrissen dargestellten verschiedenen Phasen in der Organisation des staatlichen Eisenbahnverwaltungsdienstes seit dem Beginne, erklären sich wohl in erster Linie durch die Neuheit des staatlichen Betriebes, für dessen Organisierung es noch an jeder Erfahrung fehlte. Dazu kam aber noch der Umstand, daß die staatliche Eisenbahnverwaltung sich unter dem Einflusse der durch die Ereignisse des Jahres 1848 bewirkten Umgestaltung der allgemeinen Verwaltung des Staates befunden hat. Im übrigen gehen die Ansichten darüber, wie sich die Organisation des staatlichen Eisenbahnverwaltungsdienstes bewährt hat, sehr auseinander. Während Buschman[1]) die Zusammenfassung des Eisenbahnbaues mit dem Eisenbahnbetrieb unter zweckmäßiger Scheidung der Kompetenzen zwischen zwei Instanzen, nämlich dem Ministerium und den Betriebsdirektionen, als eine den praktischen Bedürfnissen entsprechende bezeichnet, welche geeignet gewesen wäre, ein gedeihliches Funktionieren des ganzen Verwaltungsapparates zu gewährleisten, ist Czedik[2]) der Ansicht, daß die Art und Weise, wie die Eisenbahnangelegenheiten immer mehr dem Ministerium direkt untergeordnet und anderen Gegenständen der staatlichen Administration gleichgestellt wurden,

---

[1]) Siehe „Geschichte der Eisenbahnen der österreichisch-ungarischen Monarchie“, Wien, 1899 von Dr. Alfred Freiherr von Buschman.

[2]) Siehe „Der Weg von und zu den Österreichischen Staatsbahnen 1824—1910, Wien, 1913 von Alois Freiherr von Czedik.

den Gang der Geschäfte verlangsamt habe. Tatsächlich scheint die Unzufriedenheit mit der Verwaltung vorherrschend gewesen zu sein. Dadurch, daß jede Direktion nebst dem technischen noch einen administrativen Vorstand erhielt, welch letzterer aus anderen Staatsämtern (gewöhnlich von der Finanz- oder Postbehörde) herübergenommen wurde, litt die unerläßliche Einheit, der Bürokratismus stand in seiner vollen Blüte und der Geschäftsgang gestaltete sich äußerst schwerfällig. Eine Verordnung folgte der anderen, frühere wurden zurückgezogen und geändert. Die Kontrolle wurde zum Polizeisystem und der gänzliche Mangel an einem Wirkungskreis erstickte allen Geist der Verwaltung. Die Erledigung der geringfügigsten Angelegenheiten bedurfte Wochen und Monate; bei Tariffragen ereignete es sich häufig, daß während des Instanzenzuges das Gut längst anderwärts per Achse verführt war. War der Fortschritt beim Staatsbahnbau nur der zielbewußten einfachen Geschäftsführung zu danken, so erscheint die Annahme gerechtfertigt, daß der geringe Erfolg beim Betrieb weitaus mehr der bürokratischen Maschinerie als den wirklichen Ergebnissen zuzuschreiben ist.

Die finanziellen Ergebnisse des Staatsbetriebes waren im allgemeinen keineswegs ungünstige. Im Jahre 1853 betrugen die Einnahmen 13,791.041 fl., denen Ausgaben in der Höhe von 8,712.000 fl. gegenüberstanden, so daß sich ein Überschuß von 5,079.041 fl. ergab. In den folgenden Jahren schwankte die Verzinsung zwischen 2 bis 6%. Die Gesamtanlagekosten für die vom Staate gebauten Bahnen werden mit rund 350,000.000 fl. angegeben, wobei die bis zu dieser Zeit für die erworbenen Privatbahnen gezahlten Einlösungsbeträge inbegriffen sind.

In der Finanzgebarung des Staates hatte sich jedoch in der kurzen Zeit von 1848—1854 ein Defizit von 315,000.000 fl. C. M. eingestellt. Die Absicht, die finanziellen Verhältnisse des Staates zu regeln und namentlich das fieberhafte Bestreben, die Valutaregulierung durchzuführen, veranlaßte die Minister Baumgartner und Bruck zu einer Maßregel, welche von einschneidendem Einfluß auf die Finanz- und Verkehrsverhältnisse des Reiches werden sollte. Der Staat entledigte sich seines Besitzes an Eisenbahnen.

2.

1854—1882

Verkauf der Staatsbahnen. — Übergang zum Privatbahnsystem. — Wiederaufnahme des Staatsbahnbetriebes. — Einsetzung einer Ministerialkommission. — Das Sequestrationsgesetz leitet einen Systemwechsel ein. — Fortsetzung der Eisenbahnverstaatlichung.

In der Mitternachtsstunde der Sylvesternacht des Jahres 1854 wurden die Linien der nördlichen und südöstlichen Staatsbahn sowie die staatlichen Domänen und Forsten an die Vollmachtsträger der nachherigen „Oesterreichischen Staatseisenbahngesellschaft“ verkauft, nachdem am 19. Oktober 1854 die Allerhöchste Genehmigung des Vorschlages erfolgt war, daß die auf Staatskosten erbauten oder eingelösten und bisher in eigener Regie betriebenen Eisenbahnen „gegen eine entsprechende Ablösungssumme von Privatunternehmern auf eine gewisse Reihe von Jahren zum Betrieb überlassen werden sollen". Im Übereinkommen vom 1. Januar 1855 verpflichteten sich die genannten Bevollmächtigten, auf Grundlage der bereits genehmigten Statuten, die „K. k. priv. österreichische Staatseisenbahngesellschaft" zu bilden. Die Konzessionäre hatten 200 Millionen Francs = 4,004.000 fl. C. M. zu bezahlen, für welche eine 5,2%ige Garantie gewährt wurde. Durch die am 1. Januar 1855 ausgestellte, am 12. Januar 1855 als der ersten nach den Bestimmungen des Konzessionsgesetzes vom 8. September 1854 sanktionierten Urkunde erteilte die Staatsverwaltung dem genannten Konsortium auf eine vom 1. Januar 1858 beginnende Dauer von 90 Jahren die Konzession. Am 1. Juni 1855 hatte die Staatsbahngesellschaft den Betrieb der vom Staate erworbenen Linien in eigener Regie übernommen und am gleichen Tage wurden auch die k. k. Betriebsdirektionen der nördlichen und südlichen Staatsbahn in Prag und Pest aufgelöst. Zur Zeit der Übernahme der Linien befand sich der Oberbau derselben in einem derart mangelhaften Zustande, daß die Bahnen nach einem Ausspruche Negrellis in einem Jahr aus Sicherheitsgründen hätten außer Betrieb gesetzt werden müssen. Für die Instandsetzung der Bahnen wurden für die ersten fünf Jahre mehr als 43 Millionen Gulden präliminiert. Von den Linien der nördlichen Staatsbahnen verblieb nur das 11,8 km lange Stück von Bodenbach zur sächsischen Grenze im Betriebe der Sächsischen Staatsbahnen stehend, im Besitze der Staatsbahnverwaltung.

Die nächste Änderung in dem Besitzstand der Staatsverwaltung brachte im Jahre 1856 der Verkauf der Lombardisch-venezianischen Staatsbahnen. Die Staatsverwaltung unterstützte nachdrücklich ein Unternehmen, dem die Kreditanstalt, das Haus Rothschild, wie auch französische, italienische und englische Kapitalisten angehörten. Die Aktiengesellschaft der lombardisch-venezianischen Eisenbahnen übernahm sowohl die im Betriebe, als auch die im Bau befindlichen Strecken der Lombardisch-venezianischen Staatsbahnen, mit Ausnahme der von Verona ausgehenden Verbindung der Tiroler Linie. Als Entschädigung sollte die Gesellschaft an die Staatsverwaltung die Summe von 100 Millionen österreichische Lire (33333 Millionen Gulden C. M.) bezahlen. Für die gesamten Kosten des Ankaufes und Weiterbaues des nach seiner Vollendung etwa 800 km umfassenden Bahnnetzes, garantierte die Staatsverwaltung für Zinsen und Amortisation 5,2%. Die neue Gesellschaft konstituierte sich als „K. k. priv. lombardisch-venezianische und zentralitalienische Eisenbahngesellschaft".

Nachdem schon vorher im Jahre 1855 die Vereinigung der neugebildeten Staatseisenbahngesellschaft mit der Wien-Raaber-Bahn und im Jahre 1856 die Vereinigung der neugegründeten Kaiserin-Elisabeth-Bahn mit der Linz-Gmundener-Eisenbahn stattgefunden hatte, kam nach dem Verkauf der südlichen und der Tiroler Staatseisenbahnen die „K. k. priv. südliche Staats-lombardisch-venezianische und zentral-italienische Eisenbahngesellschaft" zustande, die ein Betriebsnetz von über 3000 km umfaßte. Es war eine großzügige Konzeption des Ministers Bruck, die lombardisch-venezianische und zentralitalienische Eisenbahngesellschaft, ferner die Kaiser-Franz-Josefs-Orientbahn-Gesellschaft, dann die Konzessionäre für die Linie Wien—Triest, die Kärntner, Kroatische und Tiroler Bahn zu einem großen einheitlichen Unternehmen zu vereinigen, zu welchem Zweck eine Goldschuld von über zwei Milliarden Francs eingegangen wurde[1]).

Zur Zeit als die Unterhandlungen im Jahre 1856 wegen Verkaufes der Staatsbahnen gepflogen wurden, standen die Strecken Myslowitz—Trzebinia—Krakau, Sczakowa—Granica, Krakau—Debica im Betriebe der Staatsbahnen. Als die Nordbahn sah, daß die Staatsverwaltung diese Linien verkaufen wollte, legte sie der Regierung nahe, ihr, so wie seinerzeit die ersten Staatsbahnen, die östlichen Staatsbahnen zum Pachtbetrieb zu überlassen. Am 30. April 1856 beschloß die Nordbahn die Erwerbung der östlichen Staatsbahnen. Die Österreichischen Staatsbahnen waren hiemit verkauft. Vier Jahre haben genügt, um die Besitzverhältnisse im österreichischen Eisenbahnwesen vollständig umzugestalten.

Die Aktion des Verkaufes der Österreichischen Staatsbahnen fand die verschiedenartigste Beurteilung. Jedenfalls war es unter den gegebenen Umständen das geeignetste Mittel, das Verkehrswesen Österreichs zur weiteren Entwicklung zu bringen. Allerdings ging hiebei die Regierung die schwierige Verpflichtung der Ertragssicherstellung durch die staatliche Zinsengarantie ein. Die Einführung dieses Grundsatzes in die Verkehrspolitik Österreichs bezeichnet den Beginn einer neuen Epoche, die Periode des Garantiesystems, dessen Anfänge mit dem Zusammenbruch des ersten Staatsbahnsystems zusammenfallen. Die Annahme, daß es sich um eine mehr formale, jedenfalls aber nur vorübergehende Staatshilfe handle, erwies sich leider als illusorisch.

Als nach Beendigung des italienischen Feldzuges im Jahre 1859 die Finanzlage des Staates weitgehende Ersparungen erheischte, wurde mit kaiserlichem Handschreiben vom 21. August 1859 das Ministerium für Handel, Gewerbe und öffentliche Bauten aufgelöst und die gesamten Agenden des Eisenbahnwesens dem Finanzministerium unterstellt.

---

[1]) Auf Grund der Basler Konvention vom 17. November 1875 war die Gesellschaft genötigt, ihre sämtlichen auf österreichischem Gebiete befindlichen Linien an den italienischen Staat zu verkaufen. Die Annuitätenzahlung Italiens an die nunmehr neugegründete „K. k. priv. Südbahn-Gesellschaft" wurde festgesetzt bis Ende 1954 auf 29,6 Millionen Franken und von 1955—1968 auf 12,8 Millionen Franken. Die italienische Regierung hat unter Beziehung auf Art. 249 des Staatsvertrages von St. Germain und im Zusammenhange mit dem Accord von Rom im Jahre 1923 obige Forderung der Südbahn-Gesellschaft sowie die Rückstände als dem italienischen Staate zugefallen erklärt.

Der Beginn der konstitutionellen Ära in Österreich im Februar 1861 brachte die Neubegründung eines Ministeriums für Handel und Volkswirtschaft, dem auch die Angelegenheiten der Kommunikationsanstalten überwiesen wurden. Dem Finanzministerium verblieb nur die Abwicklung der Geschäfte der im Jahre 1859 aufgelösten Zentraldirektion für Staatseisenbahnbauten.

Die staatsrechtliche Sonderstellung Ungarns im Jahre 1867 schuf auch auf dem Gebiete des Eisenbahnwesens neue Verhältnisse. Hiebei wurde festgesetzt, daß Verfügungen bezüglich jener Eisenbahnlinien, welche das Interesse beider Reichshälften berühren, nach gleichen, von Zeit zu Zeit zu vereinbarenden Grundsätzen zu behandeln seien. Am Ende des Jahres 1867 standen 6080 km Eisenbahnen im Betriebe. Hievon entfielen 3952 km (darunter nur 18 km Staatsbahnen) auf Österreich, 2128 km auf Ungarn.

Nach Erlassung der Staatsgrundgesetze vom 21. Dezember 1867 wurden die Agenden der Volkswirtschaft von dem Ministerium für Handel und Volkswirtschaft losgelöst und ein eigenes Handelsministerium errichtet, an dessen Spitze Ignaz Edler von Plener trat.

Vom Jahre 1858 an, mit dessen Ende der Übergang vom Staatsbahn- zum Privatbahnsystem vollzogen war, bestand in Österreich durch zwei Jahrzehnte vollständig das Privatbahnsystem.

Ausgehend vom Eisenbahnkonzessionsgesetz vom 8. September 1854, nahm die Konzessionierung von Privatunternehmungen einen großen Aufschwung. Zu der Gruppe garantierter Eisenbahnen, die unmittelbar nach Erlassung des Konzessionsgesetzes entstanden, gehören in erster Linie die auf Grundlagen der veräußerten Staatsbahnen gebildeten Unternehmungen, und zwar: Die Österr. Staatseisenbahngesellschaft, die k. k. priv. Südbahn-Gesellschaft, die Galizische Karl-Ludwig-Bahn und die k. k. priv. Theiß-Eisenbahngesellschaft, mit denen zu gleicher Zeit als Erfolge des privaten Unternehmungsgeistes die k. k. priv. Elisabeth-Bahn, die Süd-norddeutsche Verbindungsbahn und die Böhmische Westbahn ins Leben traten. Diese Verhältnisse erfuhren jedoch durch die wirtschaftlichen Ereignisse des Jahres 1873 eine schwere Erschütterung. Die meisten der bestehenden Eisenbahnen gerieten in eine Notlage. Demungeachtet wurden damals die Anschauungen über die Zweckmäßigkeit der Privatbahnverwaltung in Regierungs- und parlamentarischen Kreisen so lebendig, daß die Regierung bei Vorlage eines Eisenbahnprogrammes im Jahre 1875 geradezu erklärte, „daß sich der Staat des Eisenbahnbetriebes enthalten müsse". Dennoch vollzog sich in jener Zeit der Wandel dieser gegen den Staatseisenbahnbetrieb gerichteten allgemeinen Anschauung.

Das Maß der finanziellen Leiden, welche der Staat infolge seiner Stellung zu den Privatbahnen jahrelang zu tragen hatte, erreichte den Höhepunkt im Jahre 1876, in welchem der Zuschuß den Betrag von 23 Millionen Gulden erreichte. Während der Budgetdebatte des Jahres 1875 forderten die Abgeordneten Plener und Herbst den

Ankauf der subventionierten Bahnen. Die öffentliche Meinung in Europa und in Österreich wandte sich immer mehr der Idee eines Staatseisenbahnbaues und des Besitzes der Bahnen durch den Staat zu und allgemein wurde die Forderung erhoben, man möge zumindest einen Versuch machen, zunächst bei einzelnen garantierten Bahnen, welche den Staat am meisten belasten. Wenngleich aber bis zum Beginn der achtziger Jahre von einer systematischen Wiederaufnahme des Staatsbahnbetriebes noch nicht gesprochen werden kann, so ist doch diese Zeit als Übergangszeit für das von da an neuerdings angewendete Staatsbahnsystem anzusehen.

Das staatliche Eisenbahnnetz, das während der Jahre 1858—1874 nur zwei Grenzstrecken von insgesamt 13 km Länge umfaßt hatte, wurde in den Jahren 1877/78 durch die Übernahme einiger notleidend gewordener Linien lokalen Charakters erweitert. Den Betrieb auf den neuen Staatsbahnlinien führte zunächst nicht der Staat selbst, sondern er verpachtete ihn an bereits bestehende Eisenbahngesellschaften. So führte den Betrieb der Braunau-Straßwalchener Bahn die Kaiserin-Elisabeth-Bahn, den der Linien Mürzzuschlag—Neuberg und Unterdrauburg—Wolfsberg die Südbahn-Gesellschaft; den Betrieb der im Jahre 1878 als „K. k. n.-ö. Staatsbahnen" übernommenen N. ö. Südwestbahnen übernahm jedoch der Staat selbst, indem er ihn einer dem Handelsministerium unterstehenden „Ministerialkommission" übertrug. Dieser wurde ab 1. Januar 1879 auch die Verwaltung der bis dahin von der Kaiser-Ferdinands-Nordbahn betriebenen Donau-Uferbahn zugewiesen.

Die Erkenntnis von der Notwendigkeit, die bestehenden Verhältnisse im Eisenbahnwesen einer durchgreifenden Sanierung zu unterziehen, ließen es angezeigt erscheinen, auf dem betretenen Wege des Staatsbahnsystems fortzuschreiten. Als wichtiger Umstand kam hiebei auch die Lage der garantierten Bahnen in Betracht. Das System der Garantieleistungen durch den Staat hatte während der Zeit seiner Anwendung zu verwickelten Verhältnissen geführt und für den Staat bedeutende finanzielle Lasten mit sich gebracht. Gegen das Ende der siebziger Jahre waren 19 Bahnunternehmungen garantiert; von diesen bezogen 14 Bahnen eine einheitliche Garantie für das gesamte Bahnnetz, 5 Bahnen standen im Genuß einer sogenannten gemischten Garantie.

Die Forderungen der Bahnunternehmungen aus dem Titel der Ertragsgarantie gingen vielfach so weit, daß die garantierte Summe nicht nur in ihrer Gänze in Anspruch genommen, sondern daß an die Regierung das Ansinnen gestellt wurde, auch für den durch die Betriebseinnahmen nicht gedeckten Betrag der Betriebsausgaben aufzukommen. Infolge dieser Verhältnisse waren die vom Staate jährlich zu leistenden Garantievorschüsse allmählich zu einer unerträglichen Höhe angeschwollen. Hier suchte vor allem das Gesetz vom 14. Dezember 1877, das sogenannte Sequestrationsgesetz, helfend einzugreifen, indem es die Regierung ermächtigte, die Betriebsführung jener Eisenbahnen zu übernehmen, die ein vom Staate zu bedeckendes Betriebsdefizit aufweisen oder die durch fünf Jahre mehr als die Hälfte des Reinertrages in Anspruch nehmen. Obwohl dieses Gesetz als Ausgangspunkt und Grundlage der nachgefolgten Eisenbahnverstaatlichung angesehen werden kann, trat es doch erst am Beginne des Jahres 1879 klar an den Tag, daß in der grundlegenden Auffassung des Staates ein entschiedener Umschwung sich vollzogen habe. Der Staat besaß zu dieser Zeit 875 km Eisenbahnen. Hievon waren nur 267 km im Staatsbetrieb, nämlich die N. ö. Südwestbahnen, die Dalmatiner Bahnen und die Donauuferbahn, während der weitaus größere Teil der Verwaltung der benachbarten Privatbahnen zum Betriebe übergeben wurde. Die Gesamtlänge der in Österreich zu dieser Zeit betriebenen Eisenbahnen belief sich aber auf 11300 km.

Die Thronrede, mittels welcher der Reichsrat am 8. Oktober 1879 eröffnet wurde, enthielt das Versprechen, daß die Entwicklung des Eisenbahnwesens und die Erleichterung der mit dem System der Staatsgarantie verbundenen Kosten die volle Aufmerksamkeit der Regierung erheischen werde. Noch im Dezember 1879 wurde eine bedeutungsvolle Tat vollbracht. Mittels des Erlasses vom 24. Dezember 1879 setzte der Handelsminister Baron Korb-Weidenheim die Gesellschaft der Kronprinz-Rudolfs-Bahn in Kenntnis, daß die Regierung ihre Bahn auf Grund des Sequestrationsgesetzes vom 14. Dezember 1877 mit 1. Januar 1880 auf Rechnung der Gesellschaft in eigene Verwaltung übernehmen würde. Es waren gerade 25 Jahre verflossen seit dem Beginn der großen Entstaatlichungsaktion im Jahre 1855. Die Kronprinz-Rudolf-Bahn wurde einem staatlichen Betriebsverwalter unterstellt. Mit Gesetz vom 7. Mai 1880 erfolgte die gesetzliche Sicherstellung des Ausbaues der Arlbergbahn auf Kosten des Staates. Durch diese beiden Maßnahmen der Regierung wurde die Wiedererrichtung eines ausgedehnten westösterreichischen Staatseisenbahnnetzes und damit eine neue Periode in der Entwicklung des österreichischen Eisenbahnwesens eingeleitet und wiederum zum eigentlichen Staatsbahnbetrieb übergegangen. Auf Grund einschlägiger, seit dem Jahre 1880 erlassener Gesetze, so insbesondere auf Grund des Gesetzes vom 6. Juni 1901, betreffend die Herstellung mehrerer Eisenbahnen auf Staatskosten und die Festsetzung eines Bau- und Investitionsprogrammes der Staatseisenbahnverwaltung für die Zeit bis Ende des Jahres 1905, wurden an wichtigen Bahnlinien die Arlbergbahn, die Pyhrnbahn, die Tauernbahn und die Karawankenbahn vom Staate gebaut; ferner wurden außer der bereits genannten Kronprinz-Rudolf-Bahn die Kaiserin-Elisabeth-Bahn, die Kaiser-Franz-Josefs-Bahn, die Vorarlberger Bahn, die Kremstalbahn, die Linien der Österreichischen Lokalbahngesellschaft und andere Bahnen vom Staate erworben. Schließlich übernahm der Staat auch den Betrieb einer Reihe von Bahnen auf eigene Rechnung, wie der Ungarischen Westbahn (steirische Linie), der Welser Lokalbahnen und der Mühlkreisbahn.

3.

1882—1914

Die Organisation der Österreichischen Staatsbahnen vom Jahre 1883. — Errichtung der k. k. Direktion für den Staatseisenbahnbetrieb. — Bildung eines Eisenbahnrates. — Organisation vom Jahre 1884. — K. k. Generaldirektion der Österreichischen Staatsbahnen. — Organisation vom Jahre 1891. — Errichtung des Eisenbahnministeriums.

Als am 1. Januar 1882 die Kaiserin-Elisabeth-Bahn in den Staatsbetrieb überging, wurde mit der Weiterführung der Verwaltungsgeschäfte eine neugeschaffene Dienststelle betraut, welche den Titel „K. k. Direktion für den Staatseisenbahnbetrieb in Wien" führte. Unter diesem Titel wurde dann am 1. Juli 1882 eine einheitliche Zentralverwaltungsstelle für den Betrieb des gesamten westösterreichischen Staatsbahnnetzes errichtet. Dieser Komplex bestand aus der Elisabeth-Bahn, der Rudolf-Bahn, den N. ö. Staatsbahnen, der Staatsbahn Braunau—Straßwalchen und der Staatsbahn Tarvis—Pontafel, im ganzen 1907 km. Mit Hinzurechnung der im Bau begriffenen Arlbergbahn und der im selben Jahr in Staatsbetrieb übernommenen Vorarlberger Bahn stand daher ein Staatsbahnnetz von 2132 km zur Verfügung.

Bei der Aufstellung der mit Allerhöchstem Entschluß vom 26. Februar 1882 genehmigten „Grundzüge für die Organisation des Staatsbetriebes auf den westlichen Staatsbahnen und vom Staate betriebenen Privatbahnen" ließ man sich von der Erwägung leiten, daß für eine zweckentsprechende Organisation des Dienstes für ein solches Netz, welches in seiner Ausdehnung die einheitlich geleiteten Netze der großen Privatbahngesellschaften nicht wesentlich überstieg, die etwaige Bildung räumlicher Verwaltungsbezirke nicht am Platz erscheine, daß sich vielmehr die Behandlung des örtlich zusammenhängenden staatlichen Betriebskomplexes als eine individuelle Gruppe nach Art der Organisationsformen der großen Privatbahnen empfehle.

Um den neuen staatlichen Betriebsorganismus in seinem Wettbewerb mit den Privatbahnen nicht zu hemmen, wurde die neue Zentralverwaltungsstelle nicht als Bestandteil des Handelsministeriums, sondern außerhalb desselben als selbständiges, dem Ministerium und der Generalinspektion bezüglich der Staatsaufsicht gleich den Privatbahnen unterstehendes Organ errichtet und mit möglichst weitgehenden Kompetenzbefugnissen ausgestattet. Die Direktion für Staatseisenbahnbetrieb erhielt demnach im allgemeinen die Stelle der bei den großen Privatbahnen bestehenden Generaldirektion. Ferner wurde verfügt, daß zur beschleunigten Erledigung der dem Ministerium und der Generalinspektion der Österreichischen Staatsbahnen vorbehaltenen Geschäfte im Handelsministerium ein Komitee zu bestellen sei, welches die betreffenden Angelegenheiten mit Beiziehung des Vorstandes der Direktion zu beraten und endgiltig zu entscheiden hatte.

Bezüglich der Stellung und Behandlung des Personals wurde bestimmt, daß der Präsident der Direktion vom Kaiser ernannt wird, die Rechte und Pflichten der übrigen Organe jedoch sich nicht nach den für Staatsbeamte geltenden Normen, sondern nach den Vorschriften bestimmen, die für sie schon bestanden oder in der Folge erlassen werden, daß sie ferner nach Maßgabe der Eisenbahnbetriebsordnung vom Jahre 1851 der Generalinspektion der österreichischen Eisenbahnen unterstanden. Es wurde weiter angeordnet, daß insbesondere die Bestimmungen des Gesetzes vom 15. April 1873, betreffend die Regelung der Bezüge der aktiven Staatsbeamten, auf die Eisenbahnbediensteten keine Anwendung finden, daß aber ihre Rechte und Pflichten durch eine unter Wahrung der erworbenen Rechte zu erlassende einheitliche Dienstordnung (Dienstpragmatik) geregelt werden, endlich, daß ihre und ihrer Angehörigen Ruheversorgung nach Maßgabe der Statuten der selbständig weiter zu verbleibenden Pensions- und Provisionsinstitute zu erfolgen habe.

Außerdem enthielten die „Grundzüge" die Anordnung der Errichtung eines der Direktion für Staatseisenbahnbetrieb an der Seite stehenden Eisenbahnrates als beratendes Organ.

Als das Staatseisenbahnbetriebsnetz im Jahre 1883 durch die Vorarlberger Bahn (Bludenz—Feldkirch—Buchs und Feldkirch—Bregenz—Lindau) bzw. durch die Arlbergbahn (Innsbruck—Landeck) erweitert war und für das Jahr 1884 der Anfall der Arlbergbahn (Landeck—Bludenz) sowie der in Böhmen gelegenen Linien der Kaiser-Franz-Josefs-Bahn, dann der Bahn Pilsen—Priesen—Eisenstein, Rakonitz—Protivin sowie Prag—Dux und Dux—Bodenbach, weiters der Galizischen Transversalbahn sowie der Erzherzog-Albrecht-Bahn im Wege der Betriebsübernahme unmittelbar bevorstand, was einer Erweiterung des Netzes von 2614 auf 5100 km gleichkam, wurde auf Grund der Allerhöchsten Entschließung vom 8. Juni 1884 mit Verordnung des Handelsministeriums vom 23. Juni 1884 ein neues Statut über die „Organisation der Staatseisenbahnverwaltung der im Reichsrate vertretenen Königreiche und Länder" erlassen. In diesem Statut war die Anordnung enthalten, daß dem vom Kaiser zu ernennenden Präsidenten der als Generaldirektion bezeichneten Zentralleitung der Staatsbahnen die Diensteseigenschaft (der Charakter) eines Sektionschefs des Handelsministeriums beigemessen, ferner die Generaldirektion selbst dem Handelsministerium unmittelbar unterstellt und als dessen Exekutivorgan sowie als selbständig in allen nicht dem Minister vorbehaltenen Angelegenheiten erklärt wurde, so zwar, daß eine fachliche Beaufsichtigung der Staatseisenbahnverwaltung nicht stattzufinden hatte.

In der Geschäftseinteilung der Generaldirektion waren vier Hauptfachabteilungen, eine Präsidialabteilung, insbesondere für die in den Wirkungskreis des Ministers fallenden Angelegenheiten, dann Fachabteilungen für Bau- und Bahnerhaltung, für Verkehrs- und Maschinendienst (einschließlich Zugförderungs- und Werkstättendienst), für administrative und kommerzielle Angelegenheiten vorgesehen. Zugleich sollte eine Teilung in Haupt- und Unterabteilungen stattfinden. Den Vorständen der Fachabteilungen wurde der Titel „Direktor" beigelegt. An Stelle der Oberbahnbetriebsämter nach der Organisation vom Jahre 1882 wurden Bahnbetriebsdirektionen eingesetzt, an deren Spitze ebenfalls Direktoren mit je einem Stellvertreter standen. Bezüglich der Bestimmung des Wirkungskreises des Ministers, der Generaldirektion und der Betriebsdirektionen wurde in dem Organisationsstatut vom Jahre 1884 vorgesorgt, daß die Kompetenz der letzteren durch eine höhere Verfügung in keiner Weise verkürzt werden konnte.

Der Kompetenz des Ministers blieben insbesondere vorbehalten: Die Feststellung des Jahrespräliminares, die Genehmigung der Dienstordnung (Dienstpragmatik) und die Genehmigung der Grundlagen für die Personen- und Gütertarife. Hingegen wurde durch die unmittelbare Unterstellung der Generaldirektion unter den Minister die Eisenbahnsektion des Handelsministeriums und ihre Departements in den die Staatseisenbahnverwaltung betreffenden Gegenständen ausgeschaltet. Sollte jedoch an dem Zwei-Instanzen-Prinzip festgehalten werden, dann war wohl ein anderer Vorgang unmöglich.

Auch in der Einrichtung des Staatseisenbahnrates sind auf Grund des Organisationsstatuts vom Jahre 1884 mehrfache Änderungen eingetreten, indem derselbe in eine dem Ressortminister zur Seite stehende Institution umgewandelt wurde.

Das Anwachsen des Staatseisenbahnnetzes bis Ende 1891 auf rund 7000 km, ferner die auf Grund des Organisationsstatuts vom Jahre 1884 gemachten Erfahrungen und der von parlamentarischen Gruppen wiederholt ausgesprochene Wunsch nach Erweiterung der Kompetenz der Betriebsdirektionen, hat die auf Grund der Allerhöchsten Entschließung vom 9. Dezember 1891 eingetretene teilweise Modifikation des Organisationsstatuts vom Jahre 1884 hervorgerufen, in welcher jedoch das lebhaft geäußerte Verlangen nach Errichtung von Länder-Gerneraldirektionen eine Berücksichtigung nicht gefunden hat.

Durch die Organisation vom Jahre 1891 wurde der Wirkungskreis der Betriebsdirektionen dahin erweitert, daß denselben zugewiesen worden sind: Die Präliminierung des Jahreserfordernisses sowie die Rechnungslegung, der Zuschlag von Lieferungen — bis zu 300000 Kronen bei öffentlichen Ausschreibungen und Annahme des Bestangebotes und andernfalls bis zu 60000 Kronen —. Ferner sollten die Direktionen zu entscheiden haben über die Aufnahme, Beförderung, Enthebung (Pensionierung und Kündigung), Versetzung innerhalb der Bezirke — Dienstvorstände ausgenommen — bei Beamten bis zu 2400 Kronen.

Im Jahre 1892 bildeten die Anfeindungen, denen das Staatsbahnprinzip in Österreich ausgesetzt war, den unmittelbaren Anlaß zu einem Wechsel in der obersten Leitung der Staatsbahnen, indem der um die Schaffung des Staatsbahnwesens besonders verdiente Sektionschef

Freiherr von Czedik[1]) durch den Parlamentarier Prof. Dr. Ritter von Bilinski ersetzt wurde.

Die große Bedeutung, die das nunmehr in voller Geltung stehende Staatsbahnsystem in Österreich erworben hatte, führte zu Beginn des Jahres 1896 zur Errichtung eines selbständigen Eisenbahnministeriums, welches eine der wichtigsten Phasen im Organisationsprozeß der staatlichen Eisenbahnverwaltung bildete. Hiedurch wurde dieser Dienstzweig den Ministerialressorts, die durch ihre verfassungsmäßig verantwortlichen Leiter im Rate der Krone vertreten waren, als gleichwertig zur Seite gestellt. Die mit Allerhöchster Entschließung vom 5. Januar 1896 erfolgte Errichtung des Eisenbahnministeriums hatte die gleichzeitige Erlassung eines neuen Organisationsstatuts zur Folge. Danach hat das Eisenbahnministerium die oberste Leitung der Staatsbahnen übernommen und die bestandene Generaldirektion wurde aufgelöst. Dem Eisenbahnministerium wurde ein eigenes Zentralwagendirigierungsamt zur Seite gestellt und angeordnet, daß es mit dem Ministerium der Finanzen bezüglich aller Angelegenheiten von größerer finanzieller Tragweite, dann mit dem Handelsministerium, soweit es sich um Tariffragen, die für Handel und Gewerbe von Wichtigkeit sind, mit dem Ackerbauministerium in allen für die Landeskultur wichtigen Angelegenheiten und ebenso mit dem Kriegsministerium das Einvernehmen zu pflegen hat, hinsichtlich aller wichtigeren Fragen, welche die militärische Benützbarkeit der Eisenbahnen betreffen. Weiters wurden die Staatsbahndirektionen (an Stelle der früheren Betriebsdirektionen) dem Eisenbahnministerium unmittelbar als erste Instanz unterstellt und verfügt, daß dieselben tunlichst nach Hauptverkehrsrouten gebildet werden.

Sodann ist dem Eisenbahnminister wie im Statut vom Jahre 1884—1891 ebenfalls ein Staatseisenbahnrat zur Seite gestellt worden. Überdies war die Bestimmung aufgenommen, daß bei eintretendem Bedürfnis zur Begutachtung volkswirtschaftlicher Fragen auch den Staatsbahndirektionen für deren Bezirke Beiräte an die Seite gestellt werden können. Die Einsetzung eines aus dem Staatseisenbahnrat hervorgehenden „ständigen Beirates“, wie derselbe nach den Organisationsstatuten der Jahre 1882 und 1884—1891 bestanden hatte, ist durch das Organisationsstatut vom Jahre 1896 nicht mehr verfügt worden.

Was den Wirkungskreis des Eisenbahnministeriums in Agenden der Staatsbahnen betrifft, so wurde für dasselbe nicht nur die Kompetenz der bestandenen Generaldirektion übernommen, sondern in einer Anzahl von Punkten auch erweitert. Das hatte insbesondere von

---

[1]) Czedik war persönlichen Angriffen im Parlament ausgesetzt, namentlich durch den Vertreter der Linzer Handelskammer, Abg. Dr. Schaup. Den Ausgangspunkt bildeten lokale Interessen des Landes Oberösterreich. Czedik bot im Frühjahr 1891 seine Demission an, trat aber erst 1892 zurück. Viel hat hiezu die persönliche Gegnerschaft des Ministerpräsidenten Grafen Taaffe beigetragen. Von ihm rührt der Ausspruch her: „Man könne nicht auf der Straße regieren.“

den Personalangelegenheiten zu gelten. So wurde die Aufnahme von Beamten aller Dienstklassen, ebenso auch die Beförderung aller Beamten ausdrücklich dem Eisenbahnministerium vorbehalten. Endlich hat das Statut die geltende Bestimmung über die Behandlung der Bediensteten der Staatsbahnen als Privatbeamte allerdings beibehalten, jedoch in mehrfacher Weise die Übernahme derselben in die Kategorie der Staatsbahnen als eine Sache der Zukunft bezeichnet. Sofort wurde diese Eigenschaft nur den Staatsbahndirektoren zuerkannt.

Die neue Organisation der Staatsbahnen begegnete einer günstigen Aufnahme, zumal das finanzielle Ergebnis des Jahre 1896 und 1897 ein befriedigendes war. Immer mehr drang aber die Erkenntnis durch, daß nicht nur für einen günstigen Ertrag, sondern in höherem Maße noch für eine zielbewußte Tarifpolitik, deren Bedeutung für Handel und Industrie zunehmend wuchs, ein großes zusammenhängendes und einheitlich geleitetes Staatsbahnnetz eine unbedingte Notwendigkeit sei. Eine besondere Bedeutung kam der auf Grund des Gesetzes vom 31. Oktober 1906 mit Wirksamkeit vom 1. Januar 1906 erfolgten Verstaatlichung der Kaiser-Ferdinands-Nordbahn zu, an welche sich bald die Erwerbung der Österreichisch-ungarischen Staatseisenbahngesellschaft und der Österreichischen Nordwestbahn anschloß, was mit dem Gesetze vom 27. März 1909 rückwirkend auf den 1. Januar 1909 geschah. Hiemit waren, mit Ausnahme des mit Ungarn gemeinsamen Unternehmens der Südbahn, alle großen, auf dem Gebiete der nunmehrigen Republik Österreich gelegenen Hauptbahnen vom Staate eingelöst. Erst die ungünstigen finanziellen Ergebnisse der Staatsbahnen in den Jahren 1908—1910 haben die prinzipiellen Gegner des Staatsbahnsystems aus der Reserve hervorgeholt, die sie sich auferlegt hatten, solange die Betriebsüberschüsse das Erfordernis für die Tilgung und Verzinsung der Eisenbahnschuld zum größeren Teile gedeckt haben. Während die ausgesprochenen Gegner eine gänzliche Umkehr der österreichischen Eisenbahnpolitik im Weg einer Verpachtung planten, hat der Staatseisenbahnrat in der neuerlichen Anregung einer Reorganisation der Staatseisenbahnverwaltung das Mittel gesucht, ihren Geschäftsgang zu vereinfachen, dadurch einen billigeren „kaufmännischen" Betrieb herbeizuführen. In der Folge hat das Eisenbahnministerium eine Reihe von Verfügungen getroffen, um die Geschäftsführung zu verbessern und zu vereinfachen. Insbesondere wurde der Wirkungskreis der Staatsbahndirektionen erweitert.

II. Umstellung des Eisenbahnwesens nach dem Weltkriege

Der Friedensvertrag von St. Germain vom 10. September 1919. — Die Genfer Vereinbarung vom 4. Oktober 1922. — Das Bundesbahngesetz vom 23. Juli 1923.

Österreichs Eisenbahnwesen war in voller Entwicklung begriffen, als im Jahre 1914 der Weltkrieg ausbrach. Die Umstellung der gesamten Staats- und Volkswirtschaft auf die Kriegswirtschaft beeinflußte in hohem Maß auch das Eisenbahnwesen, in erster Linie die Betriebsführung der Eisenbahnen. Als dann am 12. November 1918 die Republik Österreich errichtet wurde, übernahm sie ein Eisenbahnwesen, das durch den jahrelangen Krieg bis ins Innerste zerrüttet und durch den Zerfall des ehemaligen Staates Österreich aller Vorteile beraubt war. Durch den Staatsvertrag von St. Germain vom 10. September 1919 trat wohl eine gewisse Klärung der Verhältnisse ein, vor allem hinsichtlich der Grenzen des Bahnbereiches. Dadurch aber, daß alle an der Grenze gelegenen Orte sowie die Verkehrsknotenpunkte verlorengingen, trat eine bedeutende Erschwerung der Betriebsführung und eine Beeinträchtigung der Ertragsfähigkeit der verbliebenen Bahnstrecken ein.

Auf Grund der Genfer Vereinbarungen vom 4. Oktober 1922, die am 2. Dezember 1922 ihre verfassungsmäßige Genehmigung fanden, sind die Voraussetzungen für einen Neuaufbau des Wirtschaftslebens geschaffen worden. Hinsichtlich der Österreichischen Staatsbahnen, die zufolge Verordnung des Bundesministers für Verkehrswesen vom 11. März 1921, BGBl. Nr. 182 vom 1. April 1921, auf „Österreichische Bundesbahnen" umbenannt wurden, war vom Finanzkomitee des Völkerbundes als Ursache des mit 63 Millionen Schilling bezifferten Defizites einerseits die übermäßige Zahl der Angestellten, die vermindert werden müßte, andererseits die Anwendung zu niedriger Tarife angegeben worden. Außerdem war für die Österreichischen Bundesbahnen wie für andere Unternehmungen des Staates die Anwendung kaufmännischer Grundsätze bei der Geschäftsführung und eine Trennung von Hoheit und Betrieb verlangt worden. Im Zuge dieser Wiederaufbaubestrebungen erfolgte auf Grund des Wiederaufbaugesetzes vom 27. November 1922 die Trennung von Hoheit und Betrieb im Eisenbahnwesen. Mit dem Bundesbahngesetz vom 19. Juni 1923 wurde zur Führung der Betriebsgeschäfte der Österreichischen Bundesbahnen ein eigenes Unternehmen als selbständiger Wirtschaftskörper mit Rechtspersönlichkeit errichtet. Hiemit wurde für die Verwaltung der Österreichischen Bundesbahnen eine einzigartige, von allen bisherigen verschiedene Organisationsform geschaffen, derzufolge die Österreichischen Bundesbahnen, ohne aus dem Eigentum des

Staates zu treten, eine weitestgehende Selbständigkeit in finanzieller, personeller und administrativer Beziehung erhielten und ohne Preisgabe der allgemeinen öffentlichen Interessen, jedoch frei von politischer Einflußnahme, ihren Betrieb nach kaufmännischer Art und Weise einrichten sollten.

Diese Unternehmungsform trat am 1. Oktober 1923 in Wirksamkeit.

Die staatshoheitlichen und aufsichtsbehördlichen Eisenbahnangelegenheiten, die vordem das Staatsamt und nachmalige Bundesministerium für Verkehrswesen zugleich mit den Betriebsangelegenheiten der Bundesbahnen behandelt hatte und die von der neuen Unternehmung, weil sie keine staatliche Behörde, sondern eine privatwirtschaftliche Einrichtung ist, nicht mehr besorgt werden konnten, verblieben im Bundesministerium für Handel und Verkehr bei der zum gleichen Zeitpunkt errichteten Verkehrssektion dieses Bundesministeriums. Eine andere wichtige Neuordnung betraf das Netz der vormaligen Südbahngesellschaft. Gemäß den Staatsverträgen von St. Germain und Trianon war durch ein besonderes Übereinkommen zwischen der Gesellschaft als Konzessionärin und den territorial beteiligten Staaten (Österreich, Ungarn, Italien, Jugoslawien) eine administrative und technische Reorganisation dieser Bahn durchzuführen. Nach langen und schwierigen Verhandlungen kam hierüber ein Abkommen zustande, das am 29. März 1923 in Rom von den an der Südbahn beteiligten vier Staaten und der Südbahn-Gesellschaft unter Beitritt des Komitees der Obligationäre unterzeichnet worden ist. Nach diesem Übereinkommen führt die Gesellschaft die Bezeichnung „Donau-Save-Adria Eisenbahngesellschaft (vormals Südbahn-Gesellschaft)". Sie hat ihren Sitz in Wien. Der Betrieb der österreichischen Linien wurde in Gemäßheit des Accords von Rom mit Wirksamkeit vom 1. Januar 1924 den Österreichischen Bundesbahnen übertragen. Hiemit war eine Stärkung des Staatsbahnnetzes verbunden. Eine weitere Erweiterung erfuhren die Bundesbahnen durch das Einlösungsgesetz vom 21. November 1928. Durch dieses Gesetz wurde die Einlösung einer Reihe von Privatbahnen ermöglicht, deren weiterer selbständiger Fortbestand sich um so weniger rechtfertigte, als diese Linien längst schon im Betriebe der Bundesbahnen waren und der Betrieb zu Lasten des Bundes geführt wurde. Ferner erfolgte die Angliederung einzelner burgenländischer Lokalbahnen.

Während das Netz der Österreichischen Staatsbahnen im Jahre 1918 23235 km — hievon 18303 km Staatsbahnen und 763 km Kleinbahnen — umfaßte, betrug die Kilometerlänge der Bundeslinien Ende 1932 5844 km. Daneben bestehen noch die Aspangbahn und die Graz-Köflacher-Bahn sowie 25 Lokalbahnen mit einer Gesamtlänge von 867 km, ferner Kleinbahnen mit einer Länge von 425 km und 10 Personen-Seilschwebebahnen mit einer Gesamtlänge von 26 km[1]).

[1]) Siehe „Das österreichische Eisenbahnwesen" von Sektionschef Dr. Anton Pöschmann, Wien, 1930.

III. Das Bundesbahngesetz vom 23. Juli 1923
B.G.Bl. Nr. 407[1])

Der Dienstapparat und dessen einzelne Organe. — Die Verwaltungskommission. — Die Ausübung der Tarifhoheit und die Mitwirkung des Nationalrates. — Ausschaltung des Eisenbahnrates — Die Personalvertretungsvorschrift. — Eingliederung der Generaldirektion in das Bundesministerium für Handel und Verkehr.

Bei der durch das Gesetz vom 19. Juli 1923 durchgeführten Kommerzialisierung der Bundesbahnen, ist auf die Lehren, die aus der reichen Erfahrung gezogen werden konnten, wenig Rücksicht genommen worden. Die der Industrie entnommenen, auf dem Gebiete des Eisenbahnwesens unerfahrenen Leiter des Unternehmens waren auf einen augenblicklichen, vielleicht sogar rein persönlichen Erfolg, nicht aber auf eine Konsolidierung des Unternehmens im Hinblick auf die Zukunft bedacht. Es kann nur dem Umstande zugeschrieben werden, daß gegenüber dem Völkerbund die Verpflichtung übernommen wurde, so rasch wie möglich eine finanzielle Sanierung der Bundesbahnen durchzuführen, wenn die Organisationsfrage überstürzt und eine Lösung gewählt wurde, bei der sich der Staat jedes Einflusses auf die Verwaltung begab[2]). Über Intervention des vom Völkerbund der österreichischen Regierung zur Überwachung der Finanzgebarung beigegebenen Generalkommissärs Dr. Zimmermann wurden zwei angesehene ausländische Fachleute, Sir William Acworth und der Direktor im schweizerischen Eisenbahndepartement Dr. Robert Herold, mit der Aufgabe betraut, ein Gutachten über die Reform der Bundesbahnen abzugeben. Die Regierung hat jedoch die Erstattung dieses Gutachtens nicht abgewartet und sich auch über die Ergebnisse der am 14. März 1923 abgehaltenen Fachenquete[3]) hinwegsetzend, selbst einen Reformplan

---

[1]) Siehe Anlage A.

[2]) In der Sitzung des Nationalrates vom 4. Juni 1931 erklärte Handelsminister Heinl: „Grundsätzlich möchte ich feststellen, daß es außerordentlich schwer ist, bei dem bestehenden Bundesbahngesetz irgend einen Einfluß auf die Gestion der Bundesbahnverwaltung zu nehmen. Das ist vollkommen ausgeschlossen."

[3]) In dieser über Vorschlag des Verfassers vom Bundeskanzler Dr. Seipel abgehaltenen Fachenquete, welcher u. a. die ehemaligen Eisenbahnminister Wittek, Wrba und Banhans, die Sektionschefs Dr. Buschman und Dr. Schonka beigezogen wurden, hat der Verfasser die Aufrechterhaltung der ministeriellen obersten Leitung bei entsprechender Erweiterung des Wirkungskreises der Bundesbahndirektionen befürwortet und den Standpunkt vertreten, daß angesichts der durch den Friedensvertrag geschaffenen Konfiguration die Aufrechterhaltung des Staatsbetriebes nur mit unerschwinglichen Opfern möglich sein werde.

ausgearbeitet, der dann dem Nationalrat zur Beratung und Beschlußfassung vorgelegt wurde. Es wurde die Schaffung eines selbständigen, einer behördlichen Eingliederung gänzlich entrückten, in seinem Wesen privatwirtschaftlich organisierten Unternehmens in Aussicht genommen, das unter der Firma „Österreichische Bundesbahnen" die Führung des Betriebes und die treuhändige Verwaltung ihres Vermögens im Interesse des Bundes nach kaufmännischen Grundsätzen zu übernehmen hatte.

Einer Forderung des Nationalrates entsprechend, wurde die Institution der Bundesbahndirektionen beibehalten, zumal die bisher in nationalen Erwägungen begründete Gefahr einer Verländerung des Staatsbahnwesens nicht mehr bestand. Während aber seitens des Nationalrates für die oberste Leitung des Betriebes ein kleiner Dienstkörper in Aussicht genommen war, insoweit es zur Wahrung der Einheitlichkeit des Betriebes notwendig erschien und Direktionen nicht mehr eine Instanz in dem behördenmäßig organisierten Staatsbahnsystem, sondern nur Geschäftsstellen der Unternehmung bilden sollten, ging das Bestreben der neuen Verwaltung dahin, die Betriebsführung soweit als möglich zu zentralisieren, was zur Bildung eines kostspieligen Apparates führte. Sofort nach Errichtung der Generaldirektion sind bei derselben mehrere Geschäftsgruppen zur zentralen Führung zusammengezogen worden. Es erfolgte die Übertragung des gesamten Materialbeschaffungs- und Verwaltungsdienstes an eine eigene, der Generaldirektion eingegliederte Beschaffungsdirektion, die Vereinigung der obersten Leitung des gesamten Werkstättendienstes in einer der Generaldirektion eingegliederten Werkstättendirektion unter Ausscheidung dieses Geschäftszweiges aus dem Wirkungskreise der Betriebsdirektionen.

Die Kommerzialisierung hat sich als ein Schlagwort erwiesen, hinter dem sich unklare Vorstellungen verbergen, die einer praktischen Erprobung nicht haben standhalten können. Leider viel zu spät hat man dies auch in denjenigen wirtschaftlichen Kreisen erkannt, welche sich alles Heil von der neuen Organisation erhofften. Wenn man durch die Kommerzialisierung die Vorteile der Verstaatlichung mit jenen des Privatbetriebes vereinigen wollte, so übersah man dabei, daß der im Privatbetriebe bestehende Anreiz eines persönlichen materiellen Interesses an dem Betriebserfolge beim Betrieb staatlicher Transportanstalten ausgeschlossen bleiben muß. Die Eisenbahnen sollen ein staatliches Machtmittel darstellen und neben ihrem finanziellen Berufe der wirtschaftlichen Wohlfahrt des Landes dienen. In diesem Geiste haben Eisenbahnfachmänner von europäischem Rufe, wie Czedik, Wittek, Wrba und Forster, den Betrieb der Österreichischen Staatsbahnen geführt und man kann nicht sagen, daß sie hiebei die finanziellen Interessen des Staates zurückgestellt hätten.

Als im Jahre 1910 vom Eisenbahnministerium eine Enquete über die finanzielle Lage der Staatsbahnen veranstaltet wurde, hat sich der damalige Vorstand der kommerziellen Sektion, Sektionschef Dr. Liharzik, ein allseits anerkannter Fachmann, in folgender Weise geäußert: „Wenn über die Organisation der Staatseisenbahnverwaltung gesprochen wird, so hört man oft die These aufstellen, daß die Staatsbahnen ebenso verwaltet werden sollen wie private Erwerbsunternehmungen. Ist ein solches Verlangen nicht im direkten Widerspruch mit den Zwecken und Zielen der Eisenbahnverstaatlichung? Ist ein solches Verlangen nicht im direkten Widerspruch mit der Funktion der Eisenbahnen und namentlich der Staatsbahnen als wichtigstes Hilfsmittel zur Hebung der Volkswirtschaft und als Waffe gegenüber den diese schädigenden Bestrebungen und Einflüssen? Wie könnte heute eine großzügige Handelspolitik ohne die Beeinflussung der Preisbildung der Produktion mittels der Eisenbahntarife geführt werden? Bei solchen Erwägungen wird es sich gar oft ergeben, daß die aus dem Titel der Staatsbahntarife zu bringenden Opfer mehr als reichlich aufgewogen werden durch Mehreingänge an Steuern, die auf Produktion und Handel lasten. Ich halte daher die Annahme für unrichtig, daß es möglich sei, die Staatseisenbahnverwaltung in allen Belangen gleichwie ein sonstiges Industrieunternehmen zu betreiben, bei dem die gesamte Tätigkeit immer auf das eine Ziel gerichtet ist, einen möglichst hohen Reingewinn zu erzielen. Die Industrie setzt ihre Preise herunter, nur wenn sie hiedurch eine Vermehrung ihres Absatzes unter noch immer konvenablen Bedingungen zu erzielen hofft. Die Privatbahnen gewähren Preisnachlässe und vermehren ihre Züge, wenn sie von diesen Maßnahmen eine lohnende Frequenzsteigerung erwarten. Nur die Staatsbahnen müssen beim Zutreffen der einschlägigen Voraussetzungen derartige Maßnahmen auch dann treffen, wenn sie von vorneherein wissen, daß hiedurch eine Verminderung ihrer Reineinnahme bevorsteht.“

In einem Vortrage, den der bekannte Nationalökonom Prof. Dr. Mises am 7. Februar 1930 im N.-ö. Gewerbeverein gehalten hat, charakterisierte derselbe das Postulat nach einer kaufmännischen Geschäftsführung mit folgenden treffenden Worten: „Man verkennt dabei ganz und gar, daß das Kaufmännische nicht eine Organisationsform ist, die man dem staatlichen Betrieb ohne weiteres aufpfropfen könnte, um ihn zu entbürokratisieren, denn vom öffentlichen Betriebe wird verlangt, daß er nicht nur auf Rentabilität hinarbeitet, sondern daß er auch außerdem andere Ziele verfolge. Gerade darum will man ja diese Betriebe in der öffentlichen Hand wissen.“

In einer schon im Jahre 1925 erschienenen Schrift[1]) hat der Sektionschef des Eisenbahnministeriums Dr. Alfred Buschman die der Neuordnung des bundesstaatlichen Eisenbahndienstes anhaftenden Mängel dargelegt, eine Kritik, die vielleicht unter dem Eindruck der von den Bundesbahnen veröffentlichten optimistischen Berichte leider nicht die verdiente Beachtung gefunden hat. Vor allem erwies sich der gesamte Dienstapparat und dessen einzelne Organe: der Vorstand des Unternehmens, die Generaldirektion, die Verwaltungskommission

[1]) Siehe „Die Neuordnung des bundesstaatlichen Eisenbahndienstes in Österreich“ von Dr. Alfred Buschman, Wien, 1925.

und der Präsident dieser Kommission als reformbedürftig. In der Geschäftsführung setzte sich die neue Verwaltung über die gesetzlich und statutarisch festgelegten Organisationsbestimmungen hinweg. Während nach § 6 des Bundesbahngesetzes die Bundesbahnen vom Vorstand geleitet werden sollen, der die Unternehmung auch nach außen zu vertreten hat, wurde die oberste Leitung tatsächlich vom Präsidenten — in unbesoldeter Ehrenstellung — ausgeübt und dies mit offenbarer Billigung der Regierung.

Die auf Grund des Gesetzes errichtete Verwaltungskommission konnte ihrer Aufgabe, die Geschäftsführung der Bundesbahnen zu überwachen, nur schwer nachkommen, wenn ihr eigener Vorsitzender die von ihr zu überwachende Geschäftsleitung persönlich in seiner Hand hielt. Die im Gesetze streng auseinandergehaltenen Funktionen der verantwortlichen obersten Leitung des Unternehmens und des Vorsitzes in der zur Überwachung dieser Leitung berufenen Verwaltungskommission konnten von ein und derselben Person nicht kumulativ ausgeübt werden, zumal die Verwaltungskommission nach dem Gesetze sogar berufen ist, der verantwortlichen Leitung des Unternehmens die Entlastung der Jahresrechnung zu erteilen.

Waren die Staatsbahnen bis zur Errichtung der Generaldirektion im Jahre 1923 ein Machtmittel in der Hand des Staates, ein wirksames Instrument zur Wahrnehmung der Interessen der Volkswirtschaft, der Handelspolitik und des Fremdenverkehres, so nahmen sie unter dem Einflusse des Gesetzes vom Juli 1923 den Charakter einer Privatbahn im Staatsbetriebe an, da der neuen Verwaltung die gleiche Selbständigkeit eingeräumt wurde wie privaten Eisenbahnunternehmungen.

Ein Ausspruch des früheren Eisenbahnministers Dr. Wittek, des eigentlichen Schöpfers des österreichischen Staatsbahnwesens, lautet: „Der Leitsatz, der Tarif ist die Seele des Betriebes, will nicht allein die ausschlaggebende Wirkung des kommerziellen Dienstes in bezug auf den geschäftlichen Erfolg der Betriebsführung kennzeichnen, sondern auch andeuten, wie sehr das Hauptwerkzeug der kommerziellen Verwaltung mit der volkswirtschaftlichen Aufgabe des Betriebes innerlich zusammenhängt.“ Das Gesetz vom 19. Juli 1923 hat aber die Regierung von der Einflußnahme auf die Tarifpolitik ganz ausgeschaltet. Unter diesen Umständen war es ganz unmöglich, die Eisenbahntarifpolitik in den Dienst der Volkswirtschaft zu stellen oder die für Österreich besonders wichtigen Interessen des Fremdenverkehres wahrzunehmen. Man vergleiche damit das deutsche Reichseisenbahngesetz vom 19. März 1930, welches in § 33 bestimmt, daß die Reichsregierung von der Reichsbahngesellschaft jede Änderung der Tarife verlangen könne, die sie für notwendig findet. Während die Verfassung des Deutschen Reiches die Ausübung der Tarifhoheit bei den Eisenbahnen der Regierung vorbehält, so wie dies in der Vorkriegszeit auch in Österreich der Fall war, ist in unserer gegenwärtigen Verfassung die Mitwirkung des Nationalrates bzw. des Hauptausschusses bei der Festsetzung der Eisenbahntarife vorgesehen, ein Umstand, der auf die Gebarung der Bundesbahnen den nachteiligsten Einfluß ausgeübt hat.

Der gegenwärtige gesetzliche Zustand stellt sich folgendermaßen dar: Der Artikel 54 des BVG. vom Jahre 1929 wurde im Wortlaut übernommen aus dem BVG. vom 1. Oktober 1920. Im Übergangsgesetz § 23 zu Artikel 54 dieses Gesetzes heißt es: „Das Gesetz vom 13. April 1920, StGBl. Nr. 180, über die Mitwirkung der Nationalversammlung gilt als das im Artikel 54 vorgesehene Verfassungsgesetz des Bundes." Dieses Gesetz bestimmt im § 1, daß die Neufestsetzung der Tarifgrundlagen der Staatsbahnen unter Mitwirkung des Nationalrates zu erfolgen hat, und zwar in der Weise, daß die Staatsverwaltung ihre Anträge dem Präsidenten des Nationalrates vorlegt. Dieser weist sie unmittelbar dem Hauptausschusse oder einem besonderen ständigen Ausschusse des Nationalrates zu. Erfolgt ein Einvernehmen, so hat der zuständige Minister die vereinbarte Neuregelung kundzumachen; anderenfalls hat der Nationalrat Beschluß zu fassen. Laut § 4 des erwähnten Gesetzes kann der Ausschuß dem zuständigen Minister die Ermächtigung erteilen, im Einzelfall innerhalb eines bestimmten Rahmens von den festgesetzten Tarifgrundlagen abzuweichen, eine Bestimmung, welche dahin ausgelegt werden könnte, daß jede Änderung der festgesetzten Tarife von der Zustimmung des Hauptausschusses abhängig ist. Der Nationalrat hat jedoch bisher immer den Standpunkt eingenommen, daß die vom Hauptausschuß genehmigten Tarife als Maximaltarife anzusehen sind, daher die Bundesbahnverwaltung berechtigt sei, singuläre Tarifermäßigungen in eigenem Wirkungskreis vorzunehmen.

Das Bundesbahngesetz vom 23. Juli 1923 enthält allerdings im § 14 (6) folgende Bestimmung: „Hält die Bundesregierung eine Abänderung der bestehenden Tarife für erforderlich, so hat der Bundesminister für Handel und Verkehr den Vorstand aufzufordern, innerhalb einer zu bestimmenden Frist einen Antrag zu stellen." Da aber laut § 17 des erwähnten Gesetzes eine Einflußnahme der Bundesverwaltung auf die Bundesbahnen nur nach Maßgabe der geltenden gesetzlichen Bestimmungen stattfinden darf, so könnte eine Änderung der allgemeinen Tarifgrundlagen auch bei Anwendung obiger Bestimmungen des Bundesbahngesetzes nicht ohne Zustimmung des Hauptausschusses erfolgen. Der Hauptausschuß muß daher gegenwärtig als dasjenige Forum angesehen werden, welches über die Tarifpolitik der Bundesbahnen allein zu entscheiden hat. Schon der Umstand, daß für die Behandlung der Tariffragen, wie dies im Gesetze vorgesehen ist, kein ständiger Ausschuß eingesetzt wurde, obwohl das Tarifwesen wie kaum eine andere Materie eine ständige Befassung voraussetzt, beweist die Unzulänglichkeit der gegenwärtigen Behandlung des Tarifwesens. Auch in dem Berichte, welchen der zum Studium der Lage der Bundesbahnen vom Völkerbund entsendete Experte Dr. Herold der Regierung vorgelegt hat, wird es bemängelt, daß der Hauptausschuß des Nationalrates als eine rein politische Instanz das Genehmigungsrecht der Tarifpolitik für sich in Anspruch nimmt und die letztere soweit beeinflußt, daß sie geradezu zu einer Subventionspolitik zugunsten bestimmter Erwerbszweige oder Bevölkerungsschichten ausschlagen kann. Es ist selbstverständlich, daß unter diesen Umständen die Tarifpolitik in der Erfüllung der ihr obliegenden Aufgaben schwer behindert wird, da es ihr an der notwendigen Bewegungsfreiheit fehlt.

So war die Bundesbahnverwaltung bisher nicht in der Lage, die Vorschläge, welche der vom Völkerbund delegierte Experte Dr. Herold bereits vor einem Jahre in bezug auf die Revision der Personenfahrpreise erstattete, durchzuführen. Nach einer genauen Untersuchung der einschlägigen Verhältnisse hat Dr. Herold es als im geschäftlichen Interesse der Bundesbahnen gelegen bezeichnet, mit einer baldigen Revision des Personentarifes vorzugehen. Besonderes Gewicht legt Dr. Herold auf eine Änderung des Verhältnisses der einzelnen Wagenklassen sowie auf eine Ermäßigung der Schnellzugstaxen, die er namentlich in der zweiten Klasse zu teuer findet. „Von einer Verödung dieser Klassen, deren Führung sich in den meisten Zügen nicht umgehen läßt“, sagt Herold, „hat niemand einen Nutzen und auch im Interesse der Entwicklung des Fremdenverkehres dürften die betreffenden Taxen nicht prohibitiv wirken.“ Die Einnahmen der Bundesbahnen aus dem Personen- und Gepäckverkehr sind von 209 Millionen Schilling im Jahre 1929 auf 184 Millionen Schilling im Jahre 1931 und ungeachtet der in diesem Jahre erfolgten Tariferhöhung auf etwa 165 Millionen Schilling im Jahre 1932 zurückgegangen. Im Jahre 1933 hat die Frequenz einen weiteren empfindlichen Rückgang erfahren. Wenngleich der Ausfall in den Einnahmen in erster Linie durch die Wirtschaftskrise verursacht wurde, so läßt es sich doch nicht leugnen, daß die verhältnismäßig hohen Fahrpreise der Bundesbahnen nicht mehr im Einklang mit den geänderten Einkommensverhältnissen stehen und daher sowohl auf den Fremdenverkehr wie auf den geschäftlichen Verkehr schädigend einwirken. Angesichts der parlamentarischen Schwierigkeiten, welche sich einer Neufestsetzung der Tarifgrundlagen entgegenstellten, hat die Bundesbahnverwaltung es nicht an Bemühungen fehlen lassen, um im Wege von Sonderbegünstigungen die Personenfrequenz zu heben. Der Personenverkehr der Eisenbahnen hat aber mit einem festen Fahrplan zu rechnen. Hieraus ergibt sich, daß innerhalb eines großen Verkehrsumfanges ein großer Teil der Betriebskosten ganz gleich bleibt. Aufgabe der Tarifpolitik ist es, auf eine möglichst große Ausnützung der Sitzplätze hinzuwirken, was nur durch eine allgemeine Herabsetzung der Fahrpreise bewirkt werden kann. Erst in diesem Falle würden die Voraussetzungen für die vielfach und in erster Linie von den ausländischen Fremdenverkehrsbüros angestrebte Vereinfachung der Fahrpreisbegünstigungen der Bundesbahnen gegeben sein.

Die in der Bundesverfassung vorgesehene Mitwirkung des Nationalrates bei der Festsetzung der Tarife, versetzte die Regierung im April des Jahres 1933, als es sich darum handelte, einige Erhöhungen der Tarife behufs Verminderung des Gebarungsabganges der Bundesbahnen durchzuführen, angesichts der Ausschaltung des Nationalrates in die Zwangslage, von dem Notverordnungsrecht auf Grund des kriegswirtschaftlichen Ermächtigungsgesetzes vom 24. Juli 1917 Gebrauch zu machen. Es erfolgte die Verordnung vom 10. April 1933, BGBl. Nr. 121, betreffend die Einhebung eines Preiszuschlages bei Fahrkarten zum Personalfahrpreis und eines Zuschlages bei Freifahrtausweisen.

Wenn man die Tätigkeit der Bundesbahnverwaltung verfolgt, so gewahrt man immer wieder die Lücke, welche die Auflassung des ehemaligen Staatseisenbahnrates zurückgelassen hat. Die Wirksamkeit des früheren Regimes hätte auch unmöglich mit dem Einsetzen eines Untersuchungsausschusses und einer so schweren finanziellen Krise abschließen können, wenn der Verwaltung ein fachmännischer Beirat zur Seite gestanden wäre. Das Eisenbahnwesen ist ein Fachgebiet, das eine selbständige Befassung und sachliche Durchdringung der Materie — insbesondere gilt dies vom Tarifwesen — erheischt, wenn man alle die damit verbundenen Zusammenhänge klar erfassen und zu einem richtigen Urteil gelangen will. Die innige Zusammenarbeit der Organe der Staatseisenbahnverwaltung mit dem Staatseisenbahnrate, wie sie sich im letzen Dezenium des Kaiserstaates herausgebildet hatte, wurde stets anerkannt. Es gibt tatsächlich heute in Europa keinen Staat, der auf eine besondere Vertretung der wirtschaftlichen Interessen bei den Staatsbahnen verzichten würde. Man hat eben die Erfahrung gemacht, daß es bis jetzt kein anderes Mittel gibt, als diese gemeinsamen, regelmäßig wiederkehrenden Beratungen, um einerseits die wirtschaftlichen Kreise mit den Anschauungen und Bestrebungen der Eisenbahnverwaltung vertraut zu machen, sie daran zu gewöhnen, nichts Unmögliches zu fordern, und andererseits bei den Eisenbahnverwaltungen das Verständnis für wirtschaftliche Fragen und Freude an ihrer sachgemäßen Bearbeitung zu wecken und zu fördern. Die Eisenbahnräte haben in der Entwicklung des Eisenbahnwesens eine große Rolle gespielt und sind bis zu einem gewissen Grad eine europäische Institution geworden. Von Preußen im Jahre 1874 ausgehend, haben sich die Eisenbahnräte allmählich über das ganze Eisenbahnwesen des Kontinents verbreitet. Welche Bedeutung man dieser Institution im Deutschen Reiche beimißt, geht daraus hervor, daß Artikel 93 der Verfassung des Deutschen Reiches vom 11. August 1919 folgende Bestimmung enthält: „Zur beratenden Mitwirkung in Angelegenheit des Eisenbahnwesens und des Tarifes errichtet die Reichsregierung für die Reichseisenbahnen mit Zustimmung des Reichsrates Beiräte."

Es sind jetzt fast 50 Jahre verflossen, seitdem die Institution des Staatseisenbahnrates in Österreich ins Leben gerufen wurde. Es war zu Anfang des Jahres 1882, als im Zuge der Verstaatlichung der Elisabeth-Bahn gleichzeitig mit den Grundlagen einer Neuorganisation der staatlichen Eisenbahnverwaltung auch die Einführung eines Eisenbahnrates beantragt wurde. Der K. k. Direktion für den Staatseisenbahnbetrieb — so wurde die neue Zentralstelle benannt — wurde ein Eisenbahnrat beigegeben, bestehend aus dem Präsidenten und 26 vom Handelsminister ernannten Mitgliedern, unter denen wieder neun von den Ressortministern nach freiem Ermessen ausgewählt, zehn von den Handelskammern und sieben von den landwirtschaftlichen Fachkorporationen vorgeschlagen wurden. Der Wirkungskreis des Staatseisenbahnrates umfaßte die Begutachtung aller wichtigen Anträge der Direktion bezüglich des Tarifwesens, einschließlich der Grundsätze für die Anwendung von Ausnahmetarifen, ferner die Begutachtung der Fahrpläne sowie wichtiger Änderungen der reglementarischen und Tarifbestimmungen, dann der Grundsätze für die Vergebung von Arbeiten und Lieferungen.

Die Institution des Eisenbahnrates wurde auch in dem Organisationsstatut für die staatliche Eisenbahnverwaltung vom 19. Januar 1896 aufrechterhalten. Im § 11 der hierüber erflossenen Verordnung heißt es, daß „zur Begutachtung allgemeiner volkswirtschaftlicher Fragen im Bereiche des Eisenbahnverkehrswesens dem Eisenbahnministerium ein Staatseisenbahnrat beigegeben wird. Bei eintretendem Bedürfnisse können zur Begutachtung solcher Fragen mit den Staatseisenbahndirektionen für deren Bezirke Beiräte beigegeben werden". Der Staatseisenbahnrat war, von der Organisation des Jahres 1884 angefangen, unmittelbar dem Handelsminister, im Jahre 1896 nach Auflassung der Generaldirektion dem Eisenbahnministerium, dem jetzt die oberste Leitung der Staatsbahnverwaltung oblag, beigegeben. Im Jahre 1907 dehnte Eisenbahnminister Dr. von Derschatta das Begutachtungsfeld auf allgemeine Fragen des Eisenbahnwesens aus. Von dieser Zeit an entwickelte sich zwischen den Organen des Eisenbahnministeriums und dem durch drei ständige Ausschüsse verstärkten Staatseisenbahnrat ein reiches, von Session zu Session sich intensiver und erfolgreicher gestaltendes Zusammenarbeiten, dessen Ergebnisse ebenso der Eisenbahnverwaltung wie der Volkswirtschaft zugute kamen. Nach Ausbruch des Weltkrieges wurde die Tagung des Staatseisenbahnrates unterbrochen und nach Friedensschluß waren die Voraussetzungen für seine Zusammensetzung entfallen. In diesem Zeitpunkte hatte der mit der Leitung des Eisenbahnwesens beauftragte Unterstaatssekretär Ing. Bruno Enderes in einem am 21. Dezember 1918 im Ingenieur- und Architektenverein gehaltenen, in Fachkreisen viel beachteten Vortrage über die Reform des Staatsbahnwesens die Beihilfe eines eigens zu diesem Zweck aus den Interessentenkreisen des Eisenbahnwesens aufzustellenden Beirates gefordert.

Wenn man in der Errichtung einer Verwaltungskommission einen Ersatz für die Einrichtung des Eisenbahnrates zu erblicken glaubte, so hatte man sich einer großen Täuschung hingegeben. Nach Anordnung des § 10 des Bundesbahngesetzes bildet die wesentlichste Aufgabe der Verwaltungskommission die Überwachung der Geschäftsführung der Bundesbahnen „bei gleichzeitiger Wahrung der eigenen Interessen". Daraus würde folgen, daß, wenn man an dem Wortlaut und dem Geist des Bundesbahngesetzes festhält, die Verwaltungskommission in keiner

Weise zu einem direkten Eingreifen in die nach dem Gesetze dem Vorstand zugewiesene Leitung der Geschäfte der Bundesbahnen berechtigt sei; sie kann vielmehr nur als eine nachträglich einzusetzende und wirkende Institution gedacht werden. Wird doch in dem Gesetz ausdrücklich nur von dem Rechte der Verwaltungskommission gesprochen, über ihre Wahrnehmung den Ministerien für Handel und Finanzen Bericht zu erstatten.

Außerhalb des durch das Bundesbahngesetz und das zugehörige Statut für die Verwaltung der Bundesbahnen errichteten Dienstapparates wurden bei den Bundesbahnen zwei Institutionen geschaffen, welche im Rahmen der Kommerzialisierung einen breiten Raum eingenommen haben, nämlich die Personalvertretung und der Zentralausschuß des Personales der Österreichischen Bundesbahnen. Die erste Einrichtung einer Personalvertretung war bereits bei den Österreichischen Staatsbahnen im Jahre 1907 erfolgt, indem der damalige Eisenbahnminister Dr. von Derschatta mit einem Erlasse vom 23. März d. J. Personalkommissionen und Arbeiterausschüsse einsetzte, welche zur Abgabe gutachtlicher Äußerungen über allgemeine Personalangelegenheiten der Bediensteten der Staatsbahnverwaltung berufen waren, die freie Entschließung der Verwaltung aber in keiner Weise hemmen sollten. Nach dem Umsturz im Jahre 1919 wurde indessen unter dem Einflusse der damals herrschenden Strömung von dem an der Spitze des Staatsamtes für Verkehrswesen gestandenen Staatssekretärs Ludwig Paul, die Institution der Personalvertretung auf eine neue Grundlage gestellt. Es wurde bestimmt, daß zur Wahrung der Interessen des Personales und der im Ruhestand befindlichen Bediensteten und Arbeiter alle Personalangelegenheiten, welche die gesamten Bundesbahnbediensteten oder einzelne Kategorien betrafen, im gegenseitigen Einvernehmen zwischen der die Verfügung erlassenden Dienststelle und den von den Bediensteten gewählten Personalvertretungen zu regeln seien. Insbesondere wurde noch angeordnet, daß dem Zentralausschusse beim Staatsamt für Verkehrswesen, alle das Personal betreffenden Erlässe und Verfügungen allgemeiner Natur, noch vor deren Hinausgabe vorzulegen seien. Die Wahlen in die verschiedenen Ausschüsse der Personalvertretung waren nach der der Dienstvorschrift beigegebenen Wahlordnung, von dem gesamten Personal getrennt nach Dienstgruppen allgemein geheim und direkt nach den Grundsätzen der Verhältniswahlen, vorzunehmen. Da die überwiegende Mehrzahl des Personales, namentlich des exekutiven Dienstes, der sozialdemokratischen Parteiorganisation angehörte, bekam diese Partei sowohl in den Ausschüssen der Personalvertretung sowie in den Zentralausschüssen die Majorität und damit die Führung. Die Stellung, in welche die Bundesregierung unter solchen Verhältnissen bei der Verwaltung der Bundesbahnen geraten mußte, trat deutlich in die Erscheinung, als in der Sitzung des Nationalrates vom 26. April 1921 der damalige Verkehrsminister Dr. Pesta in Beantwortung einer an ihn gerichteten Interpellation zu dem Bekenntnis sich gedrängt fühlte, daß es für jeden, der auf seinem Posten stehe, ganz ausgeschlossen sei, gegen die sozialdemokratische Organisation Verfügungen zu treffen und eine Auseinandersetzung nur auf gütlichem Wege möglich sei. Bald darauf, und zwar am 15. Mai 1919, wurde vom Nationalrat das Betriebsrätegesetz beschlossen, laut dessen § 2, bei den vom Staatsamt für Verkehrswesen betriebenen oder seiner Aufsicht unterstellten Eisenbahnunternehmungen, den Betriebsräten entsprechende Einrichtungen auf Grund besonderer Vereinbarungen zwischen den zuständigen Verwaltungen und dem beteiligten Personale zu schaffen waren. Dem Geiste des Betriebsrätegesetzes entsprechend wäre eine Rückbildung der über die Bestimmungen dieses Gesetzes weit hinausgreifenden Anordnungen der Dienstvorschrift vom 19. April 1919 möglich gewesen. Es wurde wohl diese Dienstvorschrift einer Umarbeitung unterzogen; das Ergebnis war aber ein gegenteiliges, indem mit einer am 18. Mai 1923 neu herausgegebenen Dienstordnung der Wirkungskreis der Personalvertretung noch erweitert wurde. Auf Grund dieser noch heute giltigen Dienstordnung und den Bestrebungen des Zentralausschusses werden dermalen alle belangreicheren Stellenbesetzungen sowie noch viele andere konkrete Personalangelegenheiten nur unter Zustimmung des Zentralausschusses vorgenommen, unter dessen Einfluß die ganze Personalwirtschaft der Bundesbahnen steht. Obwohl diese Einrichtung einer Geschäftsführung nach kaufmännischen Grundsätzen, wie sie dem Wiederaufbaugesetz vom 27. Oktober 1922 vorschwebte, im Widerspruch stand, wich die Bundesregierung in der von ihr für die Reform der Bundesbahnverwaltung erstellten Gesetzesvorlage im Hinblick auf die dabei in Frage kommenden politischen Machtfragen in weitem Bogen aus und überließ der neuen Verwaltung die schwierige Aufgabe, die Verordnungen bis Ende 1924 einvernehmlich zu ändern. Im § 4 des Bundesbahngesetzes wurde nämlich festgesetzt, daß eine den Bedürfnissen kaufmännischer Betriebsführung anzupassende Neuregelung der Vorschriften über das Dienstverhältnis der Bundesbahnangestellten einschließlich der Bestimmungen über die Personalvertretungskörper und über die Pensionen durch Vereinbarung mit dem Zentralausschuß des Personales bis spätestens 31. Dezember 1924 vorzunehmen sei. Des Zentralausschusses des Personales der Bundesbahnen wird im Bundesbahngesetz noch an einer zweiten Stelle, und zwar im zweiten Absatz, § 10, gedacht, wonach demselben die Aufgabe zufällt, der Bundesregierung drei von ihr aus dem Personalstande der Bundesbahnen in diese Kommission zu berufenden Mitglieder zu nominieren. An beiden Stellen des Bundesbahngesetzes wird also der Zentralausschuß als ein gegebener selbständiger Machtfaktor hingestellt.

Die Tätigkeit der Personalvertretungen, welche sich sowohl bei der Generaldirektion in Wien wie bei den Bundesbahndirektionen befinden, greift tatsächlich in sehr viele Einzelheiten der Verwaltung ein. Hiedurch ist in der Geschäftsbehandlung eine sachlich ungerechtfertigte Umständlichkeit eingetreten, die rasche Entschließungen verhindert und die Dispositionsfreiheit der verantwortlichen Verwaltung zu lähmen geeignet ist. Die Schwierigkeiten werden noch größer, wenn man sich vergegenwärtigt, daß es sich hier gerade um die allerwichtigsten Vorschriften handelt, nämlich um diejenigen über das Dienstverhältnis, einschließlich derjenigen über die Personalvertretungskörper sowie um diejenigen über die Pension. Der Bericht des Experten Dr. Robert Herold hat sich auch mit der Frage des Mitspracherechtes des Personales bei der Verwaltung beschäftigt und ist zu dem Schlusse gelangt, daß, wenn gleich die Auffassungen hinsichtlich Zweckmäßigkeit und Berechtigung in der Frage des Mitspracherechtes in den verschiedenen Ländern nicht die gleichen sind, überall doch der Grundsatz zu gelten hat, daß ein solcher Fortschritt nicht zur Plage werden darf, in der Weise, daß er sich zum Hindernis auswirkt für eine genügende Elastizität in der Betriebsgestaltung, trotz allem bleibe eben die Verantwortung für die Ereignisse des Betriebes allein auf der Verwaltung lasten und sie könne ihr von niemand abgenommen werden. Alle Versuche zu einer Neuregelung der einschlägigen Verhältnisse durch Verhandlung zwischen Unternehmung und Personal zu gelangen, haben jedoch in der ganzen seit dem Wirksamkeitsbeginn des Bundesbahngesetzes verstrichenen Zeit zu keinem Ergebnis geführt.

Nach dem Zusammenbruch der Monarchie war der Umfang des Bundesbahnnetzes auf 5844 km zusammengeschrumpft, und es ist klar, daß für dieses kleine Netz ein eigenes Ministerium nicht mehr aufrecht erhalten werden konnte. Es wäre daher die einfachste und nächstliegende Lösung gewesen, daß nach Aufhebung des Eisenbahnministeriums, die Agenden desselben in das neugeschaffene Ministerium für Handel und Verkehr übertragen worden wären, zumal in diesem Ministerium ohnehin eine eigene Verkehrssektion gebildet wurde. Die Angliederung der Bundesbahnverwaltung an das genannte Ministerium war um so näherliegend und die Schaffung eines neuen Amtes um so entbehrlicher, als die Trennung der Hoheitsverwaltung von der Betriebsverwaltung im wesentlichen durchgeführt war, da die Agenden der letzteren zum großen Teile bereits in den Händen der Betriebsdirektionen lagen und gegen eine Vereinigung gewisser Verwaltungsagenden mit der Hoheitsverwaltung prinzipielle Bedenken nicht bestanden. Die Forderung nach einer Trennung der Betriebsverwaltung von der Hoheitsverwaltung hatte eine gewisse Berechtigung, insolange neben dem Staatsbahnnetz noch große Privatbahnen in Österreich bestanden. Erst nachdem die Eisenbahnverstaatlichung in Österreich zum großen Teile durchgeführt war, hat man im Jahre 1896 das Eisenbahnministerium errichtet und damit die Hoheits- und Verwaltungsagenden, insoweit letztere nicht den Betriebsdirektionen übertragen waren, in einer Hand vereinigt. Hiemit wurde nicht nur dem gemeinwirtschaftlichen Charakter der Staatsbahnen Rechnung getragen, sondern auch in ökonomischer Hinsicht durch Ausschaltung einer Zwischeninstanz, nämlich der früheren Generaldirektion der Staatsbahnen, bedeutende Ersparnisse erzielt. Während der Dauer dieser Organisation, welche sich mehrere Dezennien hindurch zur vollsten Zufriedenheit bewährt hatte und auch den bedeutenden Anforderungen, die während des Krieges an die Staatsbahnen herantraten, gewachsen war, erwiesen sich die Staatsbahnen als ein Machtmittel in der Hand des Staates, ein wirksames Instrument zur Wahrnehmung der Interessen der Volkswirtschaft. Alle diese Vorteile sind einem Schlagwort zuliebe geopfert worden. Mit der Errichtung einer selbständigen Generaldirektion ist eine neue Instanz geschaffen worden, ein kostspieliger Apparat zur Erhaltung eines eigenen Wirtschaftskörpers.

Aus dieser Lage hätte sich nur ein Ausweg ergeben und das ist die Eingliederung der Generaldirektion in das Ministerium für Handel und Verkehr; hiedurch wäre eine Doppelarbeit staatlicher Organe vermieden worden, indem man die Hoheits- und Verwaltungsagenden in einer Hand hätte vereinigen können. Dieser Zustand ist seinerzeit als einer der größten Vorteile der Eisenbahnverstaatlichung gepriesen worden und bedeutet kein Novum, denn er hat in Österreich schon bis zum Verkaufe der Staatsbahnen im Jahre 1854 und dann vom Jahre 1906 bis zum Jahre 1923 bestanden, als die Länge des Staatsbahnnetzes ein Mehrfaches seiner heutigen Ausdehnung aufwies, und derselbe Zustand besteht heute bei unseren Nachbarstaaten, insbesondere in Italien und in der Tschechoslowakei.

Mit der Frage der Errichtung einer Generaldirektion hat man sich übrigens schon im Jahre 1911 befaßt und dem damals bestandenen Staatseisenbahnrat wurde eine einschlägige Vorlage zur Begutachtung unterbreitet. Im Vordergrund stand auch damals die in der Öffentlichkeit vielfach behandelte Frage der Schaffung einer Zwischeninstanz (Generaldirektion) neben oder unter dem Eisenbahnministerium. Der Staatseisenbahnrat kam zu dem Ergebnisse, daß die Schaffung einer Generaldirektion nur eine Erschwerung und Verteuerung der Geschäftsführung, die Einschaltung einer lästigen, schwerfälligen und kostspieligen Neben- und Zwischeninstanz bedeuten würde. Grundsätzlich erklärte sich der Staatseisenbahnrat dafür, daß die oberste Leitung der Staatseisenbahnverwaltung dem Eisenbahnministerium vorbehalten wäre, daß die Direktionen die erste Instanz und das Eisenbahnministerium die zweite Instanz zu bilden hätten. Zwischeninstanzen jeder Art wurden als unzulässig erklärt. Mit der einheitlichen Zusammenfassung derjenigen Agenden, die allen Sektionen gemeinsam sind, sollte ein Sektionschef betraut werden, der als dauernder Stellvertreter des jeweiligen Eisenbahnministers zu fungieren und dadurch die ständige Verbindung zu repräsentieren hätte. Damit glaubte man alle die Wünsche zu erfüllen, die in der Öffentlichkeit hinsichtlich der möglichsten Fernhaltung der Politik von der Eisenbahnverwaltung und der Entlastung des Ministers von administrativen, nicht prinzipiell wichtigen Angelegenheiten geäußert wurden. Ferner sprach sich der Staatseisenbahnrat dafür aus, daß das Schwergewicht der Eisenbahnverwaltung in die Direktionen und in die exekutiven Dienststellen verlegt werde; deshalb sei es notwendig, den Wirkungskreis der Direktionen auszugestalten und zu erweitern, um den Gedanken der freien Initiative und der verantwortlichen Geschäftsleitung mit tunlichster Selbständigkeit auszuführen, wohingegen dem Eisenbahnministerium als der Zentrale der Geschäftsführung die Rechte der Oberaufsicht und obersten Leitung ungeschmälert erhalten blieben.

Als das Mitglied des Nationalrates Dr. Schürff, der als Handelsminister an dem Zustandekommen des Bundesbahngesetzes vom Jahre 1923 mitgewirkt hatte und auch im Jahre 1928 als Handelsminister fungierte, in der Sitzung des Nationalrates vom 4. März 1933 — in der Debatte über den Eisenbahnerstreik — das Experiment der „sogenannten" Kommerzialisierung als mißlungen bezeichnete, ebenso alle Zwischenversuche, eine Änderung herbeizuführen, wie die Elektrifizierung und das Kohlenmonopol, wurde gegen ihn von dem Bundeskanzler Dr. Dollfuß der Vorwurf erhoben, „wenn man in früheren Jahren sorgsamer gewesen wäre, dann wären die Bundesbahnen nicht in dieser Verlegenheit". Diesen Vorwurf wehrte Dr. Schürff mit der Bemerkung ab, daß die finanzielle Gebarung der Bundesbahnen dem Finanzministerium unterstehe und das Handelsministerium niemals dreinreden durfte, wozu allerdings bemerkt werden muß, daß es seinerzeit als eine der wichtigsten Aufgaben des Bundesbahngesetzes bezeichnet wurde, die Bundesbahnen von der Bevormundung des Finanzministeriums zu befreien. In dieser Sitzung des Nationalrates wurde ein Antrag des Dr. Schürff angenommen, mit welchem die Regierung aufgefordert wurde, einen Gesetzentwurf über die Rückführung der Bundesbahnen in die Hoheitsverwaltung vorzulegen, welche Änderung des Verwaltungssystems auch vom Vizepräsidenten des Nationalrates Dr. Straffner befürwortet wurde. Ein Antrag Dr. Schürffs, dahingehend, gleichzeitig mit dieser Rückführung eine Gleichstellung der Bundesbahnangestellten mit den Bundesangestellten vorzunehmen, wurde mit den sozialdemokratischen Stimmen abgelehnt, weil hiemit angeblich eine Bevorzugung der höheren Rangklassen der Bundesbahnangestellten verbunden wäre. Dr. Schürff bezeichnete es ferner als notwendig, die unmittelbare Leitung der Bundesbahnen in die Hand von Männern zu legen, deren Fachwissen und Kenntnisse es verbürgen, daß den Absichten und Wünschen der staatlichen Stellen in der Leitung vollauf entsprochen wird. Es war dies eine nicht mißzuverstehende Anspielung auf den Umstand, daß die Leitung der Bundesbahnen seit dem Beginn der Kommerzialisierung zumeist bahnfremden Personen anvertraut wurde, während, wie in dem Berichte Dr. Herolds zutreffend hervorgehoben wird, in der Vorkriegszeit „als Hüterin des großen staatlichen Bahnbesitzes eine stark ausgeprägte, aber gut fundierte und im allgemeinen hochgebildete bürokratische Verwaltung als Teil der großen Verwaltung des Reiches am Werke tätig war".

IV. Die Bundesbahngesetznovelle vom Jahre 1930

Die Ziele der Verwaltungsreform. — Beseitigung der personalwirtschaftlichen Schwierigkeiten.

Unter Aufrechterhaltung des Grundgedankens der Bundesbahnreform vom Jahre 1923, daß die Unternehmung Österreichische Bundesbahnen bei voller Wahrung der öffentlichen Interessen ihren Betrieb nach kaufmännischen Grundsätzen einzurichten und zu führen habe, hat die Regierung im Jahre 1930 im Nationalrat eine Bundesbahngesetznovelle eingebracht, welche jedoch bisher keine Erledigung gefunden hat. Die Regierung wollte nicht darauf verzichten, die Österreichischen Bundesbahnen stärker, als das bisherige Bundesgesetz es gestattet hat, ihrem System der staatlichen Wirtschaftspolitik einzuordnen, zu welchem Zweck eine Vermehrung des staatlichen Einflusses auf die Bundesbahnen wünschenswert erschien.

Die Bundesbahngesetznovelle setzte sich drei Hauptziele:

Zunächst einmal sollte der innere Aufbau des Wirtschaftskörpers eine Änderung erfahren. Die eigentliche Leitung sollte nach wie vor dem Vorstande verbleiben. Es sollte jedoch auch die Verwaltungskommission, die diesen Namen bisher zu Unrecht führte, weil sie nach dem Bundesbahngesetz vom Jahre 1923 nur eine fast ausschließlich überwachende und begutachtende Tätigkeit auszuüben hatte, künftighin zu einer unmittelbaren Mittätigkeit in der Verwaltung selbst, allerdings eingeschränkt auf die Befassung nur mit den allerwichtigsten Verwaltungsangelegenheiten herangezogen werden. Hiebei sollte schon zur Sicherung einer Einheitlichkeit der Verwaltungsgrundsätze in den beiden Verwaltungskörpern und zur möglichsten Vermeidung von Reibungen und Zuständigkeitsstreitigkeiten zwischen ihnen eine organische Verbindung zwischen Verwaltungskommission und Vorstand in der Weise hergestellt werden, daß der Präsident und der Vizepräsident der Verwaltungskommission zugleich Mitglieder, und zwar die leitenden Mitglieder des Vorstandes wären. Für die Überwachung der Gebarung der Unternehmung, die fortan naturgemäß nicht mehr von der Verwaltungskommission ausgeübt werden konnte, weil diese ja an dieser Gebarung künftighin selbst unmittelbar mitwirken sollte, war ein eigenes, von Verwaltungskommission und Vorstand unabhängiges Organ, mit allerdings sehr beschränktem Wirkungskreis, in der Form eines Aufsichtsrates der Unternehmung in Aussicht genommen. Bei der Zusammensetzung des Vorstandes wie auch bei der Bestellung der leitenden Beamten der Unternehmung sollte der Bundesregierung künftighin ein weitgehendes Mitwirkungs- und Mitbestimmungsrecht zukommen. Die Ernennung des Generaldirektors und der Fachdirektoren sollte fortab der Genehmigung der Bundesregierung unterliegen. Ferner sollte das staatliche Mitbestimmungsrecht bei der Tarifpolitik der Unternehmung durch eine Erweiterung des staatlichen Genehmigungs- und Anordnungsrechtes angestrebt werden. Auch die Kreditpolitik der Unternehmung sollte zwecks besserer Wahrung der in- und ausländischen Interessen des Bundes einer stärkeren staatlichen Einwirkung unterworfen werden als bisher.

Endlich sollte die Grundlage geschaffen werden für die Beseitigung der personalwirtschaftlichen Schwierigkeiten, die sich bei den Bundesbahnen bisher entwickelt hatten. Es war geplant, dem Bund eine bisher nicht vorhanden gewesene unmittelbare Einwirkung auf die Gestaltung des Dienstrechtes und des Personalvertretungswesens bei den Bundesbahnen dadurch einzuräumen, daß für das Dienstrecht einschließlich der Personalvertretungsvorschriften, wenn eine Neuregelung dieser Vorschriften sich nicht durch eine der Genehmigung durch die Bundesregierung unterliegende Vereinbarung zwischen Unternehmung und Personalvertretung erzielen lassen sollte, eine Regelung durch Gesetz bzw. durch Verordnung der Bundesregierung in Aussicht genommen wurde.

Das Bundesbahngesetz vom Jahre 1923 hatte angeordnet, daß das Dienstrecht der Bundesbahnangestellten einschließlich der Vorschriften über die Personalvertretungskörper bis spätestens 31. Dezember 1924 durch Vereinbarung zwischen Unternehmer und Personal in einer den Bedürfnissen einer kaufmännischen Betriebsführung anzupassenden Weise neu geregelt werden sollte. Nunmehr wollte die Frist für die Herbeiführung einer Vereinbarung über eine Neuregelung des Dienstrechtes — ausschließlich der Personalvertretungsvorschriften — bis 31. Dezember 1930 erstrecken. Erst wenn auch bis zum Ablauf dieser Frist keine Vereinbarung zustande kommen sollte, war der Weg der Erlassung der bezüglichen Vorschriften durch ein Bundesgesetz in Aussicht genommen.

Was die Personalvertretungsverhältnisse bei den Österreichischen Bundesbahnen anbelangt, so sollte eine Neuregelung dieser Vorschriften in einem solchen Sinne herbeigeführt werden, daß die weitgehende Einwirkung der Personalvertretung auf ein für die Unternehmung erträgliches Ausmaß zurückgeführt werde, daß die Autorität der Verwaltung gegenüber dem Personal verstärkt, ihr die erforderliche Freiheit in der Personalwirtschaft wiedergegeben werde und daß endlich durch eine Änderung der Zusammensetzung der Personalvertretung und der Wahlordnung für diese die qualifizierte Angestelltenschaft der Unternehmung in den Stand gesetzt werde, sich in der Personalvertretung in einem ihr nach ihrer Vor- und Ausbildung und nach ihrer Bedeutung im gesamten Betriebs- und Verwaltungsorganismus der Bundesbahnen gebührenden stärkeren Maße zur Geltung zu bringen als ihr dies die bisherigen Personalvertretungsvorschriften gestatten.

Für die Herbeiführung einer diesen Anforderungen gerecht werdenden Neugestaltung der Personalvertretungsvorschriften sollte zunächst derselbe Weg versucht werden wie für die Neuregelung des Dienstrechtes der

Bundesangestellten überhaupt, das ist jener der Verhandlungen zwischen Unternehmung und Personal. Für den Fall des fruchtlosen Ablaufes des für die Erzielung einer Vereinbarung zwischen Unternehmung und Personal gesetzten Termines war für die neuen Personalvertretungsvorschriften die Erlassung durch eine Verordnung der Bundesregierung vorgesehen.

Die Erledigung dieser Vorlage, für welche der frühere Handelsminister Dr. Schuster seine ganze Autorität einsetzte, ist leider auf Schwierigkeiten gestoßen, hauptsächlich deshalb, weil die geplante Abänderung der dienstrechtlichen Stellung des Bundesbahnpersonales dem Widerstande der sozialdemokratischen Partei im Nationalrat begegnete.

Da auch der im Dezember 1931 eingebrachte Entwurf des Bundesbahnbudgetsanierungsgesetzes neben den Bestimmungen über die Kürzung der Bezüge und Pensionen eine Befristung für die Regelung der dienstrechtlichen Stellung des Bundesbahnpersonales enthielt, ist dieser neuerliche Versuch an dem Widerstande der Opposition gescheitert, so daß Dienstrecht, Personalvertretungsvorschrift und Pensionsordnung bisher nur durch eine Vereinbarung zwischen dem Zentralausschuß und der Verwaltungskommission abgeändert werden können[1]).

Erst durch eine auf Grund des kriegswirtschaftlichen Ermächtigungsgesetzes vom 24. Juli 1917, RGBl. Nr. 307, erlassene Notverordnung vom 23. Juni 1933, BGBl. Nr. 266, wurde der letzte Satz des Absatzes 2 des § 4 des Bundesbahngesetzes vom 19. Juli 1923 außer Kraft gesetzt und durch folgenden Wortlaut ergänzt:

---

[1]) Die Schwierigkeiten, welche sich der Behandlung dieser Novelle entgegenstellten, beleuchtet nachstehende Zuschrift, welche Handelsminister Dr. Schuster am 21. März 1932 an den Verfasser gerichtet hat: „Als ich mein Amt als Handelsminister antrat, lag dem Hause bereits ein gänzlich unbrauchbarer Entwurf für das neue Bundesbahngesetz vor, mit dem ich mich unter keinen Umständen identifizieren wollte. Ich war daher gezwungen, mitten unter dem Wust von Arbeit und parlamentarischen Sitzungen tatsächlich an einem Nachmittag dem Gesetze eine wesentlich andere Fassung zu geben. Leider hatten sich schon meine Vorgänger darauf festgelegt, daß unbedingt vor Erlassung dieses Gesetzes eine Verständigung mit der Personalvertretung bezüglich der diese betreffenden Vorschrift erfolgen müsse. Die betreffenden Verhandlungen haben, wie ihnen bekannt, durch Jahre hindurch gedauert, ohne irgendein greifbares Ergebnis zu zeitigen. Was man mir aber dann seitens der Bundesbahnen als deren Vorschlag zur Regelung dieser Frage vorgelegt hat, übertraf alle meine nicht gerade hochgespannten Erwartungen. Ich habe den Vorschlag der Bundesbahnen den Vertretern der drei Gruppen der Personalvertretung übermittelt und dieselben zur Beratung eingeladen.

Tatsächlich war es auch möglich, die ganzen Personalvorschriften innerhalb zweier Nachmittage fast restlos zu bereinigen, mit alleiniger Ausnahme der von den Sozialdemokraten abgelehnten neuen Bestimmungen über die Einflußnahme bei dem Besetzungsplan. Alles andere wurde wenigstens seitens des Vertreters der Sozialdemokraten restlos zugestanden, während ich mit den Vertretern der beiden anderen Gruppen wegen deren unvernünftiger Haltung mancherlei Schwierigkeiten hatte. Welche Bestimmungen in der ursprünglich von den Bundesbahnen niedergelegten Fassung enthalten waren,

Kommt über eine von der Unternehmung Österreichische Bundesbahnen beabsichtigte Neuregelung oder Abänderung dieser Vorschriften innerhalb einer von der Unternehmung jeweils festzusetzenden, zwei Monate nicht überschreitenden Frist, die vom Tage der Befassung der gesetzmäßigen Vertretung des Personales zu rechnen ist, ein Einvernehmen nicht zustande, so kann der Vorstand der Unternehmung die Verwaltungskommission anrufen; diese hat sodann binnen vier Wochen endgültig zu entscheiden.

Während nach dem bisherigen Wortlaut die derzeit bestehenden Vorschriften über das Dienstverhältnis der Bundesbahnangestellten, einschließlich der Bestimmungen über die Personalvertretungskörper und über die Pensionen, solange in Geltung zu bleiben hatten, bis sie durch Vereinbarung zwischen den Unternehmern und dem Zentralausschuß des Personales der Österreichischen Bundesbahnen abgeändert werden, erscheint nach der neuen Verordnung eine Änderung auch ohne Zustimmung der Personalvertretung möglich.

Hatte die von der Regierung im Jahre 1930 beantragte Abänderung des Bundesbahngesetzes dahin gezielt, daß die endgültige Personalvertretungsvorschrift von der Regierung im Einvernehmen mit dem Hauptausschuß verordnet werden könne, falls es zu keiner Einigung zwischen Verwaltung und Personalvertretung komme, soll jetzt die Verwaltungskommission in letzter Instanz entscheiden.

---

mögen Sie bloß aus einem Beispiel entnehmen: Um den deutschnationalen und christlichsozialen Eisenbahnern eine entsprechende Vertretung in der Personalvertretung zu sichern, sollten die bei der Wahl abgegebenen Stimmen bis ungefähr 8000 oder 10000 gleich gewertet werden; von da ab aber sollten je 10 sozialdemokratische Stimmen nur je 1 der beiden anderen Parteien gleichgehalten werden. Daß ich natürlich nicht zu haben war, einem derartigen Vorschlag die Sanktion des Ministeriums zu geben, können Sie sich wohl vorstellen. Ich wäre aber auch mit den Sozialdemokraten bezüglich des letzten, nicht bereinigten Punktes einig geworden, wenn auch nicht mit offizieller Zustimmung der Personalvertretung und der Vertreter dieser Partei im Parlament. Diese war aber immerhin gesonnen, sich nach einem gewissen, nach außenhin berechneten Widerstand einer Majorisierung zu fügen, wie man mir durch ihren Mittelsmann andeuten ließ. Das Gesetz wäre ohne weitere Schwierigkeiten im Parlament durchzubringen gewesen, wenn nicht der Vertreter der Deutschnationalen die Sache obstruiert und damit zu Fall gebracht hätte. Erst kürzlich teilte mir der frühere Bundeskanzler Schober mit, daß die sozialdemokratischen Abgeordneten gelegentlich der letzten neuerlichen Verhandlungen über die Bundesbahnen ausdrücklich erklärt haben, daß sie mir, im Falle ich länger im Amte geblieben wäre, alle nur irgendwie möglichen Zugeständnisse für Zwecke der Sanierung der Bundesbahnen gemacht hätten, um diese selbst zu ermöglichen, weil sie vorgaben, davon überzeugt gewesen zu sein, daß ich keine unmöglichen Zugeständnisse von ihnen verlangt hätte und sie sich gegen die Versuche einer wirklichen Sanierung nicht gewährt hätten. Leider ist es im tieftsen Wesen der Republiken begründet, daß sich die Politik auch in alle jene Zweige des öffentlichen Lebens hineindrängt, wo ihr Einfluß nur von Schaden sein muß."

V. Die Krise der Kommerzialisierung

Finanzielle Ergebnisse. — Einfluß der Pensionslasten. — Die Elektrifizierung. — Wettbewerb mit dem Kraftwagen. — Das Fahrbegünstigungssystem. — Ersparungsmaßnahmen.

Die Verkehrseinnahmen der Bundesbahnen, die im Jahre 1929, in welchem der höchste Stand erreicht wurde, 638,8 Millionen Schilling betragen haben, sanken im Jahre 1930 auf 592,2 Millionen Schilling, während die Ausgaben sich von 637,5 Millionen Schilling auf 625,1 Millionen Schilling verringerten. Die für Investitionen verwendeten Gelder konnten nicht mehr verzinst, die Bankkredite nicht zurückgezahlt werden. Da die Einnahmen weiterhin unaufhaltsam sanken und die Rückwirkung auf den gesamten Staatshaushalt nicht ausblieb, wurde der Völkerbund im Jahre 1931 neuerlich mit der finanziellen Lage der Österreichischen Bundesbahnen befaßt.

Wenn man den Ursachen nachgeht, welche den finanziellen Notstand der Bundesbahnen herbeigeführt haben, so sind diese in erster Linie auf die Auswirkung des Friedensvertrages von St. Germain zurückzuführen. Was von den Eisenbahnen nach dem neuen Staatsgebilde Österreich noch verblieb, glich einem Komplex von Bruchstücken. Vordem bildeten die Österreichischen Staatsbahnen eines der wichtigsten einheitlichen Staatsbahnnetze, mit einer Betriebslänge von 19275 km, das den Verkehr des südöstlichen Mitteleuropas mit der adriatischen Seeküste und den angrenzenden Orientländern beherrschte. Nach dem Verluste ganzer Ländernetze und nach dem brutalen Abschnüren technisch und wirtschaftlich zusammengehöriger Bahnstrecken, verblieben außer einer einzigen verkehrspolitisch, allerdings sehr wichtigen, westöstlichen Durchgangslinie, nur mehr Reste mit einem durch Ablenkung und Zollgrenzen wesentlich verminderten Verkehr und einer Betriebslänge von 5820 km. In weiterer Folge war es insbesondere die Konstruktion des Bundesbahngesetzes vom Jahre 1923, das der Unternehmung, ganz im Widerspruch mit dem ihr zugedachten kaufmännischen Beruf, sowohl in der Verwaltung wie in der Personalwirtschaft große Hindernisse in den Weg gelegt hat. Hiezu gesellte sich als weiterer Verlustfaktor die Weltwirtschaftskrise und die Konkurrenzierung durch den Autoverkehr.

Zum Ausbruch kam die Krise, als die Verschuldung der Bundesbahnen, die auf eine seither viel angefochtene Bilanzierungsmethode zurückzuführen ist, in die Erscheinung trat. Während der frühere Präsident Dr. Günther in einer von ihm nach seinem Rücktritt veröffentlichten Denkschrift die Besserung des Jahres 1929, in welchem nach Abzug von 42 Millionen Schilling für den Kapitalsdienst ein Reingewinn von 12,6 Millionen Schilling ausgewiesen wurde, gegenüber 1923, in welchem ein Verlust von 63 Millionen Schilling ausgewiesen war, mit 117,6 Millionen Schilling berechnete, ist der Vertreter des Finanzkomitees des Völkerbundes in Österreich Dr. Rost van Tonningen in seinem letzten Jahresbericht zu dem Schluß gelangt, daß alle Bilanzen der Kommerzialisierungsperiode, während welcher die Anlageschulden von 53 Millionen Schilling auf 753 Millionen Schilling angewachsen sind, mit schweren Verlusten hätten abschließen sollen.

Die vom Präsidenten Dr. Günther aufgestellte Berechnung hat seither auch von anderen Seiten verschiedene, zum Teil sogar einschneidende Korrekturen erfahren. So hat ihm der frühere Generaldirektor Dr. Seefehlner die unnötige Verschuldung des Unternehmens in den Jahren 1924 bis 1930 zur Last gelegt. Obwohl die damalige Kassenlage des Bundes die Tragung verhältnismäßig geringer Verluste von etwa 20 bis 30 Millionen Schilling in der Ertragsrechnung ohne weiteres gestattet hätte, sind Aufwendungen, die zweifellos als Erneuerungen zu bezeichnen waren und der Betriebsrechnung angelastet hätten werden müssen, auf Anlagekonto geschrieben worden. Zur Herstellung des Bilanzgleichgewichtes wurden die in den Lagervorräten liegenden Reserven herangezogen. Während im Jahre 1924 im Lagerbestand der Dienstgüter eine stille Reserve von 74 Millionen Schilling enthalten war, ist diese bis Ende 1930 bis auf 21,4 Millionen Schilling verbraucht worden. 52,6 Millionen Schilling haben zur Deckung von Verlusten gedient. Der Geldbedarf wurde durch Aufnahme von Bankkrediten gedeckt und auf diese Weise die Zukunft mit Ausgaben der Vergangenheit belastet. Der Bericht Dr. Herolds hat ferner mit Recht bemängelt, daß aus den Erträgnissen des Unternehmens kein Erneuerungsfonds gebildet wurde, um Ersatzbeschaffungen für die einer natürlichen Abnutzung unterworfenen Anlagen auszugleichen. Allein die Erneuerung des Fahrparkes würde rechnungsmäßig eine Abschreibung von 30 Millionen Schilling jährlich gerechtfertigt haben, während für diese Zwecke in der Betriebsrechnung des Jahres 1930 tatsächlich nur 8,4 Millionen Schilling eingestellt waren.

Als die Unternehmung der Österreichischen Bundesbahnen im Februar 1932 infolge des andauernden Rückganges der Einnahmen sich außer Stand erklärte, die Bezüge des aktiven Personales sowie der Pensionisten in vollem Ausmaße zu befriedigen, wurde die Aufmerksamkeit weiterer Kreise auf die Personalwirtschaft der Österreichischen Bundesbahnen gelenkt.

Vorerst hatte sich der Einfluß des Friedensvertrages auf die Personalwirtschaft fühlbar gemacht, indem von den Grenzen bis nach Wien in der Hauptsache nur kurze Rumpfstrecken mit großen Bahnhof- und

Geleiseanlagen und mit überwiegenden Bergstrecken geblieben sind und die reichliche Besetzung der Übergangsstationen eine verhältnismäßig höhere Zahl von Angestellten erforderte. Da ferner das alte Österreich sowohl über die Routen- wie Territorialdirektionen verfügte, so war es nicht zu vermeiden, daß von den Routendirektionen, bei welchen sich der ganze Leitungsapparat (auch Werkstätten, Heizhäuser) in Wien befand, dieser den Österreichischen Bundesbahnen zur Last fiel. Der Höchststand der Angestellten, einschließlich der im Jahre 1924 übernommenen Südbahn, hat nach dem Kriege zirka 142000 betragen. Am Beginn der Kommerzialisierung im Jahre 1923 war der Angestelltenstand auf 113500 und Ende 1929 auf 80000 gesunken. Am Beginn des Jahres 1933 wurde der Gesamtstand der festangestellten Bediensteten mit 65097 angegeben, dem 73300 Pensionisten gegenüberstanden[1]).

Die Erläuterungen zum Entwurf des Bundesfinanzgesetzes für das Jahr 1933 illustrieren diese Umstände durch nachstehende Statistik, wie folgt:

Art der Pensionen	Veranschlagter Stand der Pensionsparteien	Gesamterfordernis Österreichs	Vom Gesamterfordnis entfallen auf Bund	Unternehmung
	Köpfe	Millionen Schilling		
Altpensionen:				
Bundesbahnen	27 200	66,5	51,7	14,8
Südbahn	5 600			
zusammen	32 800	66,5	51,7	14,8
Neupensionen:				
(abzüglich der Beiträge der Bediensteten und der Lokalbahnen)	40 500	115,0		115,0
Gesamtsumme	73 300	181,5	51,7	129,8

In dieser Darstellung fällt es auf, daß die Bundesbahnen für die Neupensionisten 115 Millionen Schilling zu bezahlen haben, obwohl am 1. Oktober 1923, d. i. am Beginn der Kommerzialisierung, die Entlastung der Bundesbahnen von dem Erbe aus der alten Monarchie an Pensionisten bereits erfolgt war. Die Rechtslage des Personales der Bundesbahnen ist durch den § 4 des Bundesbahngesetzes vom 19. Juli 1923 geregelt, welcher besagt:

„Die Unternehmung Österreichische Bundesbahnen übernimmt die Ruhe- und Hinterbliebenenversorgung aller in ihren Dienst übernommenen aktiven Bundesbahnbediensteten."

[1]) Im Jahre 1880 betrug der Personalstand der Österreichischen Staatsbahnen 14550 Personen für 5444 km Hauptbahnen und 333 km Lokalbahnen. Im Jahre 1931 standen im Betrieb der Bundesbahnen im ganzen 5829 km. Der Personalaufwand betrug im Jahre 1888 12,7 Millionen Gulden, im Jahre 1931 324 Millionen Schilling.

Um die Bedeutung dieser Bestimmung richtig zu beurteilen, ist zu berücksichtigen, daß das allgemeine Abbaugesetz im Zusammenhang mit der Völkerbundanleihe bereits am 24. Juli 1922 beschlossen wurde, so daß mit der Durchführung des Bundesbahngesetzes, d. i. am 1. Oktober 1923, die Bundesbahnen tatsächlich nur den Personalstand übernommen haben, der ihrem wirklichen Bedarf entsprach, die bis 1. Oktober 1923 pensionierten Angestellten ausgeschieden wurden und die Bundesbahnen sonach mit dem Erbe aus der alten Monarchie nichts mehr zu tun hatten. Von den Pensionen der vor dem 1. Oktober 1923 pensionierten und nicht übernommenen Bundesangestellten entfallen nur 14,8 Millionen Schilling auf die Bundesbahnen, gegenüber 51,7 Millionen Schilling, die der Bund trägt. Diesen 14,8 Millionen Schilling für die Altpensionisten stehen 115 Millionen Schilling für die Neupensionisten zu Lasten der Bundesbahnen gegenüber.

Die große Anzahl der Neupensionisten dürfte zum Teile darauf zurückzuführen sein, daß nach dem Kriege die deutschösterreichischen, vor der Staatenteilung in den abgetrennten Staatsgebieten beschäftigten Eisenbahner, in das neugebildete Österreich geströmt sind[1]). Ausschlaggebend war jedoch, daß, als im Jahre 1927 die Kontrolle des österreichischen Generalkommissärs Zimmermann für aufgehoben erklärt wurde, die Gewerkschaften die Anstellung von vielen Tausenden Parteimitgliedern durchgesetzt und bald darauf auch die Pragmatisierung und sohin die Pensionsberechtigung erwirkt haben. Es zeigten sich auch die Folgen der Ausführungsbestimmungen über den Achtstundentag. Die Ausnutzung des Personales wurde mangelhaft und die Möglichkeit des Zusammenlegens von Diensten in Stunden schwächeren Verkehres erschwert. So ergaben sich hohe Personalbestände. Die Bedenken, die aus den Kreisen des Personales selbst gegen diese Entwicklung geäußert wurden, sind damit zerstreut worden, daß man auf den § 2 des Bundesbahngesetzes hinwies, der folgende Bestimmung enthält:

„Insolange und insoweit die Ausgaben der Bundesbahnen in den Einnahmen ihre Deckung nicht finden, wird der Abgang vom Bund gedeckt."

Nicht mit Unrecht wurde gegen den früheren Vorstand des Unternehmens der Vorwurf erhoben, daß er auf der einen Seite Abbau betrieben, auf der anderen neue Kräfte eingestellt habe. Auf diese Weise ist die Pensionslast von 14,8 Millionen Schilling im Jahre 1923 auf 96,6 Millionen Schilling bis zum Jahre 1929 und seither auf 130 Millionen Schilling gestiegen, während ein Betrag von höchstens 50 Millionen Schilling einem Normalzustand entsprechen würde. Dabei hat der Bund

[1]) Bei den Österreichischen Staatsbahnen war gleichwie im Heere überall, auch in Galizien, die deutsche Dienstsprache eingeführt. Der Anteil der Deutschen unter den Beamten des früheren Netzes wurde mit rund 60 Prozent veranschlagt, während nach dem Friedensvertrage kaum der vierte Teil des alten Netzes Österreich verblieb.

außerdem noch etwa 55 Millionen Schilling für Altpensionisten der Bundesbahnen zu tragen.

Die finanzielle Notlage der Österreichischen Bundesbahnen ist auch auf die durch die Elektrifizierung hervorgerufene Verschuldung zurückzuführen. Bis zu Ende des Jahres 1931 sind von der Betriebslänge der Österreichischen Bundesbahnen im Ausmaße von 5432 km 15,6 % im elektrischen Betriebe gestanden, auf welche an Betriebsleistung 18 % (gegenüber 16,9 % des Jahres 1930) Bruttotonnenkilometer entfallen. Dem Anlagekapital wurden 328 Millionen Schilling angelastet, wovon aus den Anleihen des Bundes 278,8 Millionen Schilling in Anspruch genommen worden sind. Als im Jahre 1920 die bis dahin nur vorbereitete Einführung der elektrischen Zugförderung ernstlich in Angriff genommen wurde, war hiefür die drückende Kohlennot ausschlaggebend. Es war der rascheste Ersatz der Auslandskohle durch inländische Wasserkraft geboten. Nachdem ausschließlich im Westen Österreichs die Vorbedingungen für die Beschaffung der elektrischen Energie aus Wasserkräften gegeben waren, begann die Kommerzialisierung mit der Elektrifizierung der Linie Salzburg—Innsbruck.

Obwohl Generalkommissär Zimmermann entschiedenen Einspruch erhob, setzte der Präsident der Bundesbahnen Dr. Günther beim Völkerbund durch, daß die erforderlichen Mittel aus der Völkerbundanleihe freigegeben wurden. Diese Linie wurde 1930 eröffnet, die präliminierten Kosten um 60 Millionen Schilling überschritten. Schon die Berechnungen für die Kosten Wien—Salzburg haben ergeben, daß gegenüber dem Dampfbetrieb, unter Berücksichtigung der Amortisations- und Verzinsungskosten, wesentliche Mehrauslagen erwachsen wären. Die Bilanz des Jahres 1929 war belastet mit 33,7 Millionen Schilling Zinsen und 8,6 Millionen Schilling Tilgung, im ganzen mit 42 Millionen Schilling für Kapitaldienst, in erster Linie für die Elektrifizierungsaktion, die Dr. Günther schließlich als unproduktive Investition bezeichnen mußte, weil sich herausgestellt hatte, daß die durchgeführte Elektrifizierung keinerlei materielle Vorteile, sondern ganz wesentlichen Verlust gebracht hat.

Über die Rentabilität der Elektrifizierung bei den Österreichischen Bundesbahnen gehen sowohl die Meinungen als auch die Berechnungen weitestgehend auseinander. Während die Generaldirektion der Bundesbahnen im Jahre 1928 die Betriebsmehrbelastung mit 6,8 Millionen Schilling für die Strecke Salzburg—Wien bezifferte, hat Generaldirektor Dr. Seefehlner, seinerzeit Generaldirektor der A. E. G. Union, gegenüber dem Dampfbetrieb eine Betriebsersparnis von 8,7 Millionen Schilling berechnet und erst in jüngster Zeit darauf hingewiesen, daß bei Beibehaltung des Dampfbetriebes statt der beschafften 177 elektrischen Lokomotiven, mehr als 300 Dampflokomotiven hätten beschafft werden müssen, deren Anschaffungskosten erfahrungsgemäß an die der elektrischen Lokomotiven herangereicht hätte. Die Erhaltungskosten eines elektrischen Lokomotivkilometers hat Doktor Seefehlner für das Jahr 1931 mit 52 Groschen angegeben, gegenüber

69,5 Groschen bei einem Dampflokomotivenkilometer. Durch den weiteren Verkehrsrückgang sowie die Verbilligung der Kohle erscheinen diese Berechnungen allerdings überholt, wobei noch die Erwägung mitspielt, daß gerade bei dem Kohlenverkehr mit dem Auslande — die jährliche Ersparnis an Kohle wird mit 400000 Tonnen angegeben — bedeutende Industriekompensationen in Frage kommen. Die zur Elektrifizierung verwendete Anleihe muß jährlich mit 8% verzinst werden, wozu noch 2½% an Amortisationskosten kommen. Diese Anleihe soll in 18 Jahren zurückgezahlt sein, d. h. also, jedes Jahr müssen 60 Millionen Schilling aus dem Betriebe herausgenommen werden. Die Elektrifizierung hat eine starke Verschuldung der Bundesbahnen zur Folge gehabt, wodurch der Verkehr erheblich belastet und auch die Konkurrenzkraft der Bundesbahnen beeinträchtigt wurde. Es wird angenommen, daß mehr als die Kraftwagenkonkurrenz, die durch die Elektrifizierung verursachte Belastung die finanzielle Lage der Bundesbahnen beeinflußt hat.

Die Österreichischen Bundesbahnen haben auch bei der Durchführung der Elektrifizierung zum Teil recht böse Erfahrungen machen müssen. Man hat verschiedene Typen von elektrischen Lokomotiven in Auftrag gegeben, deren praktische Verwertbarkeit erst ausprobiert werden mußte. Diese Versuche haben sehr viel Geld gekostet, und man wird es daher verstehen, wenn sich die jetzige Leitung der Österreichischen Bundesbahnen bei der Anschaffung von sogenannten Schienenautobussen und Triebwagen sowie in der Frage der Fortsetzung der Elektrifizierungsaktion eine gewisse Zurückhaltung auferlegt[1]).

Die Frage der Elektrifizierung steht in innigem Zusammenhange mit der Entwicklung des Wettbewerbes zwischen Schiene und Straße. Diese Frage ist unstreitig die dringendste aller Verkehrsprobleme. Die Erkenntnis, daß das Transportmonopol der Eisenbahn zu bestehen aufgehört und der Kraftwagen die Gesamtstruktur des Verkehres geändert hat, ist ein Faktor von solcher Bedeutung, daß alle Eisenbahnen vor einer vollständigen Umstellung ihres Aufbaues stehen. An einen Neubau von Eisenbahnen wird kaum mehr gedacht und der Bau von Autostraßen als dringender bezeichnet als die Fortsetzung der Elektrifizierung, mit welcher die Festlegung namhafter Kapitalien verbunden wäre. Von einer Umwandlung des Eisenbahnbetriebes in einen Automobilbetrieb auf manchen Nebenlinien erhofft man eine Verbilligung und Verbesserung des Verkehres sowie eine Verbilligung der Tarife. In den Vereinigten Staaten wurden in den letzten zwei Dezennien rund 40 Milliarden Dollars für den Bau von Autostraßen verausgabt, das ist eineinhalbmal soviel Kapital als in sämtlichen Bahnen angelegt wurde. Trotz Einbuße des Transportmonopols werden die Eisenbahnen in Österreich schon mit Rücksicht auf die besonderen klimatischen Verhältnisse, welche die Benutzung der Straßen zeitweise ganz ausschließen, ein unentbehrlicher Behelf des Wirtschaftslebens bleiben und noch immer

---

[1]) Siehe: Der Wiederaufbau der Österreichischen Bundesbahnen, Wien 1932. Von Ing. Dr. J. Weldler.

berufen sein, den überwiegenden Teil der Transporte zu bewältigen; allein die Eisenbahnen können auf die Dauer nicht künstlich großgehalten werden, sondern sie müssen ihren Aufbau und ihre Organisation dem wirklichen natürlichen Bedarf anpassen. Dabei werden die Eisenbahnen im Hinblick auf die ihnen auferlegte Betriebspflicht sowie die ihnen aus öffentlichen Rücksichten auferlegten Lasten eines entsprechenden gesetzlichen Schutzes nicht entbehren können.

Durch die auf Grund des kriegswirtschaflichen Ermächtigungsgesetzes erlassene Verordnung der Bundesregierung vom 9. Juni 1933, BGBl. Nr. 253, betreffend die Regelung des Güterverkehres mit Lastkraftwagen (Lastkraftwagenverkehrsordnung), wurde der Wettbewerb zwischen Eisenbahn und Lastkraftwagen zunächst für den Bereich des Güterverkehres, und zwar provisorisch bis 1. Juli 1934 geregelt. Es wurden für den Verkehr über den Bereich einer Ortsgemeinde hinaus Mindestfrachtsätze festgesetzt, die im wesentlichen den Selbstkosten, zuzüglich eines bürgerlichen Gewinnes, entsprechen und von deren Anwendung bei der gleichzeitig erfolgten Regelung der Eisenbahntarife man erhofft, daß dem Lastkraftwagen der Nahverkehr, der Eisenbahn der Fernverkehr zufallen wird. Die Mindestfrachtsätze sind für Wagenladungsgüter, Sammelgüter und Stückgüter verschieden erstellt, so daß der Kraftwagen im allgemeinen für Wagenladungsgüter etwa bis 50 km, für Stückgüter auf Entfernungen zwischen 50 und 80 km und für Sammelgüter höchstens bis 100 km benutzbar sein wird. Der Werksverkehr, insoweit er sich auf Strecken bis 100 km betätigt, wird durch diese Regelung nicht berührt. Zur Sicherung des Erfolges sieht die Verwaltung eine Reihe von Bestimmungen vor, die sich auf die Ausstellung von Begleitpapieren und Führung von Aufzeichnungen beziehen. Der finanzielle Effekt dieser Verordnung wird von den Bundesbahnen mit einer jährlichen Mehreinnahme von 6—7 Millionen Schilling veranschlagt. Diese Kraftwagen-Verkehrsordnung bedeutet einen weitgehenden staatlichen Eingriff in den privaten Kraftwagenverkehr und unterscheidet sich wesentlich von der in jüngster Zeit in der Schweiz getroffenen Neuordnung, welche die Zusammenarbeit von Eisenbahn und Auto durch den Anschluß aller Konzessionäre an eine Genossenschaft sicherstellt, die zur Hälfte aus Eisenbahnverwaltungen, zu einem Viertel aus Automobilinteressenten und zu einem weiteren Viertel aus Wirtschaftsvertretern zusammengesetzt sein soll.

Unter den Ursachen, welche die finanzielle Lage der Bundesbahnen ungünstig beeinflussen, muß endlich auch der Fahrbegünstigungen Erwähnung getan werden, welcher Gegenstand in dem vom Schweizer Experten Dr. R. Herold erstatteten Bericht einen breiten Raum einnimmt. Es muß ein grundsätzlicher Unterschied gemacht werden zwischen den Fahrbegünstigungen, die dem Eisenbahnpersonal eingeräumt werden und denjenigen, die bahnfremde Personen genießen. Was die Begünstigungen für bahnfremde Personen betrifft, so bestimmt § 2 des Bundesbahngesetzes vom 23. Juli 1923, daß alle Begünstigungen, die im Interesse der Bundesverwaltung gewährt werden, besonders in Rechnung zu stellen sind. Nach dem Bundesgesetz vom 29. Juli 1924 haben der Bundespräsident, die Mitglieder des National- und Bundesrates sowie die Landeshauptmänner Anspruch auf vollkommen freie Fahrt auf allen österreichischen Eisenbahnen und Schiffahrtslinien. Ferner müssen die Bundesbahnen den Bundesangestellten für deren Dienst- und Privatreisen eine 50 %ige Fahrpreisermäßigung einräumen, für deren Inanspruchnahme die Bundesbahnen, insoweit es sich um Dienstreisen handelt, eine jährliche Pauschalvergütung erhalten, während für Privatreisen der Bundesangestellten eine besondere Entschädigung der Bundesbahnen nicht erfolgt.

Im Jahre 1930 sind an Bundesangestellte im ganzen 118699 Marken abgegeben worden, und zwar 76189 an aktive Bundesangestellte, 14446 an Wehrmänner und 28064 an Pensionisten. Dr. Herold findet keinen sachlichen Grund, die Bundesangestellten mit Bezug auf die Bahnfahrten anders zu behandeln als irgend einen im privaten Erwerbsleben stehenden bahnfremden Staatsbürger.

Aber auch das Ausmaß der Fahrbegünstigungen an das Bahnpersonal greift nach der Ansicht Dr. Herolds über den Rahmen des eigenen Haushaltes des Unternehmens hinaus und berührt das allgemeine Interesse. Die Häufigkeit der Benutzung der Bahn durch den Beamten und seine Angehörigen zum Reisen oder auch nur die Möglichkeit dazu, stehen in keiner Beziehung zu seiner Dienstleistung und zum Wert seines Dienstes für die Verwaltung. Unter dem Regime der Kommerzialisierung habe sich eine äußerst weitherzige Tradition entwickelt, gegen die anzukämpfen jetzt nicht leicht sei. Nach den heute geltenden Bestimmungen erhalten die aktiven Beamten für sich sechs Freifahrscheine jährlich, ferner Jahresfreikarten zwischen Wohn- und Dienstort; sodann beziehen die Ehefrau und die Kinder je einen Freifahrschein jährlich und es werden Freifahrscheine für Schüler und Lehrlinge zum Besuche des Elternhauses in den größeren Ferien abgegeben sowie Jahresfreikarten zwischen Wohn- und Schulort. Für die ganze Familie erhält sodann der aktive Beamte Freifahrscheine zum Bahnarzt sowie Dauerausweise zur Lösung von Personalkarten, die er je nach der Wagenklasse zu $^1/_5$, $^1/_7$ oder $^1/_8$ des Zivilpreises beziehen darf. Endlich kommen ihm sogenannte Lebensmittelfreikarten zu (für zwei Fahrten monatlich).

Die Beamten des Ruhestandes erhalten gleichfalls zwei Dauerausweise für die ganze Familie, ebenso Lebensmittelfreikarten, Freifahrscheine zum Arzt, ferner die bei den aktiven Beamten erwähnten Jahresfreikarten für die Kinder und endlich zwei Freikarten jährlich für sich und eine solche für die Ehefrau und Kinder.

Wenngleich das Prinzip der Fahrbegünstigung für das eigene Personal als berechtigt anerkannt werden muß, so läßt sich die Forderung nach einer wesentlichen Einschränkung dieser Begünstigung nicht abweisen, wenngleich im Jahre 1931 eine Erhöhung der Regiefahrpreise eingetreten ist. Insbesondere sollte die Benutzung der höheren Wagenklassen nicht so weitgehend eingeräumt werden, wie dies jetzt der Fall ist. Die Begünstigung der freien Fahrt wird naturgemäß besonders in der stark frequentierten Sommerszeit in Anspruch genommen, führt dann zu einer Überfüllung der Züge, die vom zahlenden Publikum unangenehm empfunden wird und selbstverständlich auch auf die Einnahmen des Unternehmens ungünstig wirkt.

Aus den Aufzeichnungen der Bundesbahnverwaltung aus dem Jahre 1930 geht hervor, daß in Schnellzügen zum Personalfahrpreis 642.926 Fahrten ausgeführt worden sind, in Personenzügen 16,187.213, zusammen 16830139. Das Verhältnis zwischen der zum Personalfahrpreis ausgeführten Zahl von Reisen zu der Gesamtzahl der Reisen zum Zivilpreis beträgt im Schnellzug 9,02%, im Personenzug 17,2%, im ganzen 16,6%. In der III. Klasse des Schnellzuges steigt es auf 11,1%, in der II. Klasse des Personenzuges auf nicht weniger als 24,3% an.

Alle diese Fahrbegünstigungen haben eine gewisse, finanziell jedoch nicht ins Gewicht fallende Einschränkung erfahren durch die Notverordnung vom 10. April 1933, BGBl. Nr. 121, betreffend die Einhebung eines Preiszuschlages bei Fahrkarten zum Personalfahrpreis und eines Zuschlages bei Freifahrtanweisungen. Die Zuschläge zum Personalfahrpreis, welche gleichzeitig auch bei sämtlichen ermäßigten Fahrpreisen zur Einführung gelangten, betragen beim Personenzug 5—15 Groschen, beim Schnellzug 10—20 Groschen für jede Fahrkarte, der Zuschlag bei Freifahrtanweisungen 50 Groschen, einen Schilling und 1,50 Schilling für die 3., 2. und 1. Klasse.

* * *

Nachstehende Darstellung gibt einen Überblick über die Gebarung, Personalwirtschaft und den Verkehr der Bundesbahnen seit dem Beginn der Kommerzialisierung[1]):

[1]) Für das Jahr 1932 ist der Verwaltungsbericht bisher nicht erschienen. Die Bilanz ist zwar fertiggestellt, harrt aber noch der Genehmigung durch die Verwaltungskommission.

Gebarungsübersicht

Post		1924	1925	1926	1927	1928	1929	1930	1931
1	Einnahmen: Personen- und Gepäcksverkehr ... Mill. S	110,4	163,7	178,7	176,5	193,8	208,9	209,6	183,6
2	„ Güterverkehr ... „	265,8	298,1	323,7	342,5	349,1	384,5	345,3	297,2
3	Verkehrssteuern ... „	73,2	23,0	24,0	24,9	24,0	28,2	26,2	22,7
4	Postbeförderung ... „	—	6,0	6,0	8,0	8,9	10,0	10,9	11,3
5	Verkehrseinnahmen ... „	449,4	490,8	532,4	551,9	575,8	631,6	592,0	514,8
6	Verschiedene Einnahmen ... „	27,1	43,5	41,8	45,4	50,6	47,4	58,9	23,7
7	Gesamt-Betriebseinnahmen ... „	476,5	534,3	575,2	597,3	626,4	679,0	650,9	538,5
8	„ Betriebsausgaben ... „	477,8	532,7	565,8	573,5	597,6	633,8	637,8	572,7
9	Betriebsüberschuß ... „	—1,3	+1,6	+9,4	+23,8	+28,8	+45,2	+13,1	—34,1
10	Schuldendienst ... „	1,5	5,2	16,5	21,9	27,8	38,6	52,9	59,9
11	Gebarungsabgang (—) ... „	—1,2	—0,3	—9,5	+0,2	+0,1	+0,4	—45,4	—83,1

Personalwirtschaft und Verkehr

Post		1924	1925	1926	1927	1928	1929	1930	1931
1	Anzahl d. Festangestellten (Jahresdurchschnitt) ...	90 630	85 988	86 054	83 900	82 241	80 876	77 538	73 345
2	„ „ Pensionspart. m. Altpens. (Jahresdurchschn.)	52 262	57 263	58 402	59 308	60 473	60 867	61 756	65 158
3	Personalauslagen für die Festangestellten ... Mill. S	261,2	316,7	319,7	328,5	346,0	354,6	354,9	324,1
4	„ „ „ Pensionsparteien ... „	62,8	77,1	100,6	106,1	103,8	104,2	108,7[1]	108,7[2]
5	„ „ „ Altpens.-Bundesbtrg. ... „	55,2	44,4	47,8	51,5	55,0	55,8	58,1	57,6
6	Millionen Brutto-Tonnen-Kilometer ...	12 743	13 651	14 406	15 232	15 660	16 168	15 360	14 036
7	„ Netto-Tonnen-Kilometer ...	4 091	4 155	4 482	4 760	4 867	5 019	4 338	3 756

[1]) Bruttobetrag. [2]) Nettobetrag (nach Abzug der Pensionsbeiträge).

Während in der Eröffnungsbilanz vom Jahre 1923 die langfristigen Schulden mit 53·5 Millionen Schilling und die kurzfristigen (schwebenden) Schulden mit 71·1 Millionen Schilling eingestellt waren, wurden Ende 1931 die langfristigen Schulden mit 693 Millionen Schilling und die kurzfristigen mit 233·2 Millionen Schilling ausgewiesen.

Im Finanzgesetz für das Jahr 1933 wurde die Belastung des Bundes aus dem Bundesbahnbetrieb wie folgt veranschlagt:

	Millionen Schilling 1932		1933	
a) Bundesbahnen:				
Fehlbetrag der Betriebsrechnung	21,9		40,5	
Schuldendienst	75,0	96,9	76,9	117,4
b) Bund				
Überlassene Verkehrssteuern		25,1		19,1
Altpensionisten der Bundesbahnen und der Südbahn zu Lasten des Bundes		52,2		51,7
Südbahn-Annuität		9,7		9,9
zusammen		183,9		198,1

Der für das Jahr 1932 veranschlagte Zuschuß erhöht sich noch um 54 Millionen Schilling, d. i. der unbedeckte Investitionskredit der Bundesbahnen, der bereits verausgabt wurde und aus der Lausanner Anleihe gedeckt werden soll.

Nach den provisorisch ermittelten Betriebsergebnissen weisen die Bundesbahnen pro 1932 einen Gebarungsabgang von 18,5 Millionen Schilling auf, also etwas weniger als im Voranschlag vorgesehen war. In diesem Gebarungsabgang sind die Zinsen der Altschulden sowie der kurzfristigen Schulden inbegriffen. Während die Einnahmen von 538,6 im Jahre 1931 auf 465,1 im Jahre 1932, also um 73,5 Millionen Schilling gesunken sind, ist bei den Ausgaben eine Verminderung um 75,1 Millionen Schilling eingetreten. Dabei sind die Personalbezüge von 308 auf 241,2 Millionen Schilling gesunken, während die Pensionen und sozialen Lasten sich von 124,8 auf 140,3 Millionen Schilling erhöht haben. Von dem veranschlagten Fehlbetrag pro 1933 von 117 Millionen Schilling wurden im Bundesbudget nur 80 Millionen Schilling gedeckt, wogegen der Rest von 37 Millionen Schilling, der sich noch um 6 Millionen Schilling (Defizit einiger Lokalbahnen, für welches die Bundesbahnen aufzukommen haben) erhöht, durch die Bundesbahnbudgetsanierungsverordnung vom 10. April 1933 aufgebracht werden soll. Durch diese Verordnung wurden die Personalauslagen um 23,5 Millionen Schilling pro Jahr herabgesetzt und Tariferhöhungen durchgeführt, von welchen ein jährlicher Betrag von 9,25 Millionen Schilling erwartet wird. Da die Verringerung der Einnahmen aber seither ihre Fortsetzung gefunden hat, andererseits die Bundesbahnverwaltung in der nächsten Zeit vor größeren Investitionsausgaben steht, so werden weitere einschneidende Maßnahmen nicht zu vermeiden sein.

Die Belastung des Bundes fällt umso schwerer ins Gewicht, wenn berücksichtigt wird, daß das gesamte Erfordernis für Verzinsung und Tilgung der Staatsschuld für das Jahr 1933 mit 211,3 Millionen Schilling veranschlagt wird, welcher Betrag sich um zirka 37 Millionen Schilling verringert, die aus dem Titel der Verzinsung und Tilgung der Investitionsanleihen von der Postverwaltung an den Staat rückvergütet werden. Würden die Bundesbahnen den auf sie entfallenden Anteil für Verzinsung und Tilgung der Investitionsanleihen von 69,9 Millionen Schilling ebenso wie die Postverwaltung rückvergüten, so würde das gesamte jährliche Erfordernis der Staatsschuld etwa 100 Millionen Schilling betragen.

Im Finanzkomitee des Völkerbundes hat der damalige Bundeskanzler Dr. Buresch am 17. September 1931 nachstehende Erklärung abgegeben:

„Die Regierung wird Maßnahmen treffen, um zu sichern, daß die Eisenbahn- und Postverwaltungen ihre eigenen Ausgaben im Jahre 1932 decken. Dies wird mittels Ersparungen erreicht werden und notwendigenfalls durch eine Erhöhung der Tarife sowie durch Maßnahmen zur Regelung der Konkurrenz zwischen den Eisenbahnen und den Automobiltransportlinien. Investitionen werden auf einen möglichst niedrigen Betrag herabgesetzt und keine weiteren Verpflichtungen eingegangen werden. Mit Rücksicht auf die besondere Bedeutung der finanziellen Situation der Eisenbahnen für die Finanzen des Staates wird eine besondere Untersuchung durch Sachverständige über die Verwaltung und die Politik des Eisenbahnsystems in Zusammenarbeit mit dem Völkerbund vorgenommen werden.“

In Ausführung dieser Zusagen und unter dem Druck der finanziellen Notlage ist die Bundesbahnverwaltung, welche damals unter der Leitung des Generaldirektors Dr. Ing. E. Seefehlner stand, vorerst an eine Reduktion der Personalausgaben geschritten. Da eine Änderung der Bezüge der Bundesbahnangestellten ohne Änderung des Bundesbahngesetzes der Einflußnahme der Bundesbahnverwaltung entzogen war, ist es Generaldirektor Dr. Seefehlner gelungen, die Bundesbahnen in das Budgetsanierungsgesetz vom 3. Oktober 1931 einzubeziehen. Leider brachte dieses Gesetz nur einen Teil derjenigen Ersparungen, die angestrebt werden mußten, ja es hob sogar Vereinbarungen auf, die Generaldirektor Dr. Seefehlner mit der Personalvertretung wegen Kürzung der Nebenbezüge durchgesetzt hatte und die sogar schon seit einigen Monaten wirksam waren. Die Wirkung obiger Maßnahmen drückte sich in den letzten drei Monaten des Jahres 1931 in einer Ersparnis von 15 Millionen Schilling aus, welche aber durch den empfindlichen Rückgang der Einnahmen gänzlich aufgezehrt wurden. Es erwies sich daher als notwendig, mit dem Bundesbahnbudgetsanierungsgesetz vom 5. Januar 1932 weitere Reformen in der Personalwirtschaft durchzuführen. Durch die erwähnten beiden Gesetze wurden die Aktivitätsbezüge um 5—7,5 %, die Pensionen um weitere 4% gekürzt. Außerdem erfolgte noch eine Kürzung der Nebenbezüge und Wirtschaftsprämien, die Streichung der außerordentlichen Zulagen, die Einstellung unrentabler Lokalbahnen und ein Abbau an Personal.

Im Anschlusse an diese Sparmaßnahmen wurde die Verwaltungsreform in Angriff genommen und noch im Jahre 1932 durchgeführt. Durch diese sollte die Verantwortlichkeit gesteigert und durch Einführung des Dezernentensystems ein einfacherer Aktenlauf ermöglicht werden. Durch eine Erweiterung des Wirkungskreises der Bundesbahndirektionen, von denen die beiden Wiener Direktionen zusammengelegt wurden, sollte die Generaldirektion von der täglichen Kleinarbeit des Betriebes entlastet werden.

Da die bisherigen Maßnahmen jedoch infolge des starken weiteren Verkehrsrückganges eine Erleichterung der finanziellen Lage der Bundesbahnen nicht herbeizuführen vermochten, schien es unvermeidlich, weitere gesetzliche Maßnahmen auf personalwirtschaftlichem Gebiete zu treffen. Insbesondere wurde eine Neuregelung der verschiedenen Pensionsnormen als notwendig erachtet, da der vom Völkerbund bestellte Experte Dr. Herold in seinem am 30. April 1932 erstatteten Berichte über die Österreichischen Bundesbahnen die finanzielle Gesundung des Wirtschaftskörpers als unmöglich bezeichnete, wenn man ihm nicht durch eine seiner Tragfähigkeit entsprechende Neuordnung des Pensionswesens die nötige Erleichterung schaffe.

Inzwischen boten die in Lausanne durch den Bundeskanzler Dr. Dollfuß geführten Verhandlungen über eine neue Völkerbundanleihe Veranlassung, um die österreichische Regierung neuerlich zu verpflichten, alle erforderlichen Maßnahmen zu treffen, um das finanzielle Gleichgewicht bei den Bundesbahnen wiederherzustellen. In der Beilage II zum Genfer Protokoll vom 23. August 1932 hat sich die österreichische Regierung verpflichtet, das allgemeine Ersparungs- und Reorganisationsprogramm, das in dem Berichte des Sachverständigen Dr. Herold enthalten ist, zur Durchführung zu bringen. Ein vom Völkerbundrat designierter Sachverständiger soll von der österreichischen Regierung eingeladen werden, zu bestimmen, in welchem Ausmaße die Investitionen der Bundesbahnen tatsächlich unvermeidlich sind und in welchem Maße sie mit Rücksicht auf die augenblicklichen finanziellen Schwierigkeiten hinausgeschoben werden könnten.

In bezug auf Anleiheoperationen bestimmt Beilage II, daß die Österreichischen Bundesbahnen als Teil des österreichischen Staates angesehen und nur dann ermächtigt werden, eine Anleihe aufzunehmen, wenn der Finanzminister bestätigt, daß die Operation vom Komitee der garantierenden Mächte ordnungsgemäß genehmigt wurde. Was die Vergebung auf Kredit von Lieferungen oder Arbeiten anbetrifft, die mit einer schweren Belastung der zukünftigen Budgets einschließlich des Budgets der Eisenbahnen, verbunden sind, wird der Vertreter des Völkerbundes beurteilen, ob diese Operationen einen außerordentlichen Charakter tragen, der die Anwendung der im vorangehenden Absatze dargelegten Vorgangsweise gerechtfertigt erscheinen läßt.

Angesichts des Umstandes, daß die parlamentarische Behandlung der dem Nationalrat vorgelegten zweiten Bundesbahnbudgetsanierungsvorlage auf unüberwindliche Schwierigkeiten stieß, hat sich das Kabinett Dollfuß entschlossen, ohne Rücksicht auf den Artikel 54 des Bundesverfassungsgesetzes in der Fassung von 1929, wonach bei der Festsetzung der Eisenbahntarife sowie der Bezüge des Personales die Mitwirkung des Nationalrates sowie des Hauptausschusses vorgesehen ist, auf Grund des kriegswirtschaftlichen Ermächtigungsgesetzes vom 24. Juli 1917, RGBl. Nr. 307, eine Bundesbahnbudgetsanierungs-Verordnung (Verordnung vom 19. April 1933, BGBl. Nr. 122) zu erlassen. Neben verschiedenen anderen Ersparungsmaßnahmen wurden durch diese Verordnung die Pensionistenbezüge um weitere 7,8% gekürzt und mit einem diesen Prozentsatz übersteigenden Anteil die Bezüge des gesamten Betriebspersonales.

Durch eine weitere, auf derselben Grundlage erlassene Verordnung vom 10. April 1933, BGBl. Nr. 121, wurde die Einhebung eines Preiszuschlages bei den Personalfahrkarten und ein Zuschlag bei Freifahrtausweisen verfügt, ferner wurden laut Anzeigeblatt für Verkehr Nr. 31 vom 14. April 1933 ab 15. April 1933 Preiszuschläge zu den ermäßigten Fahrpreisen sowie einzelne Erhöhungen der Gütertarife durchgeführt.

Die Ersparungsmaßnahmen, welche die Bundesbahnverwaltung seit dem Jahre 1931, insbesondere in der Personalwirtschaft, durchgeführt hat, sind sehr weitgehend, es werden aber weitere organisatorische Maßnahmen noch erforderlich sein, da die Bundesbahnen angesichts der starken Abnahme des Verkehrs ihren Betriebsapparat dem wirklichen Bedarf werden anpassen müssen.

In dem Punkte wird man indessen der Ansicht des Dr. Herold nicht beipflichten können, daß eine Gesundung der Bundesbahnen nur von der Ausgabenseite ausgehen könne. Eine große Bedeutung kommt auch der Hebung der Einnahmen zu, welche unter dem Einflusse der wirtschaftlichen Krise von 679 Millionen Schilling im Jahre 1929 auf 470 Millionen Schilling im Jahre 1932 zurückgegangen sind. Das am 30. April 1932 abgeschlossene Gutachten Dr. Herolds ist überholt, weil die von ihm supponierten Verkehrseinnahmen nicht die Höhe von 520 Millionen Schilling erreicht haben, sondern im Jahre 1932 nur mehr mit 465 Millionen Schilling beziffert werden können. Unter diesen Umständen gewinnt die von den Bundesbahnen einzuschlagende Tarif- und Verkehrspolitik erhöhte Bedeutung. Dr. Herold hat in seinem Berichte, welcher den Ausgangspunkt für eine Reihe ökonomischer Maßnahmen der Bundesbahnverwaltung gebildet hat, wie schon früher ausgeführt wurde, beachtenswerte Anregungen für eine leider bisher noch nicht durchgeführte Verbesserung des Personentarifs gegeben, ist aber der Frage des Gütertarifs, dessen Behandlung für die Einnahmeentwicklung der Bundesbahnen von ausschlaggebender Bedeutung ist, nicht nähergetreten, weil, wie er in seinem Berichte des näheren ausführt, „derartige Aufgaben immer viel besser von Leuten durchgeführt werden, die im Lande gewohnt haben und mit dessen Wirtschaft aufgewachsen sind, als von einem Fremden, dem es nicht möglich ist, eine ausreichende Kenntnis aller bestehenden Zusammenhänge zu gewinnen". Infolge der Inflation war eine vollständige Entschuldung der Bundesbahnen eingetreten, die eine allgemeine Ermäßigung der Tarife gerechtfertigt hätte. Tatsächlich haben aber die Tarife unter dem Regime der Kommerzialisierung bei gleichzeitiger Zunahme der Verschuldung sowohl im Personen-, wie im Güterverkehr ein Niveau erreicht, dessen Abbau als eine der dringendsten Forderungen unserer wirtschaftlichen Kreise erscheint.

Da die im Bundesverfassungsgesetz vorgesehene Einflußnahme des Hauptausschusses des Nationalrates auf die Gestaltung der Tarife kaum mehr in Frage kommen kann, wird man wohl auf die Institution des Eisenbahnrates zurückgreifen müssen, der als das berufene Forum erscheint, um sowohl die Regierung wie die Bundesbahnverwaltung in ihren Bestrebungen, die Tarifpolitik den neuen Anforderungen entsprechend anzupassen, zu unterstützen. Derartige Bestrebungen stehen auch im Einklang mit den wiederholt geäußerten Absichten des Bundeskanzlers Dr. Dollfuß, durch Einführung einer ständischen Verfassung den Einfluß der Wirtschaft auf die Gestaltung der Gesetzgebung zu verstärken.

Von vereinzelten Maßnahmen kann aber eine grundlegende Neuordnung der finanziellen Lage der Bundesbahnen nicht erwartet werden, sondern Regierung und Parlament werden ihr lange betätigtes Desinteressement an den Bundesbahnen aufgeben und einer Änderung des Gesetzes vom 23. Juli 1923 nähertreten müssen. Angesichts der bisherigen Entwicklung ist diesem Gesetze längst die materielle Grundlage entzogen worden und eine Änderung des Rechtsverhältnisses unausweichlich.

VI. Mitwirkung des Völkerbundes bei der Neuordnung der Bundesbahnen

Die verkehrspolitische Bedeutung des österreichischen Bundesbahnnetzes. — Der Friedensvertrag von St. Germain und die Internationalisierung der Eisenbahnen. — Zusammenschluß der Nachfolgestaaten auf dem Gebiete der Tarif- und Verkehrspolitik. — Zusammenhang mit finanziellen Sanierungsproblemen. — Mitwirkung des Völkerbundes bei der definitiven Lösung des Bundesbahnproblems.

Nach dem Währungsverfalle im Jahre 1922 hatte sich die österreichische Regierung an den Völkerbund gewendet, welcher als Bedingung der Flüssigmachung der mit 650 Millionen Goldkronen bezifferten garantierten Staatsanleihe vom Jahre 1923 neben der Verpfändung verschiedener Einnahmen auch die Kommerzialisierung der Bundesbahnen verlangte. Zufolge des Genfer Protokolles vom 4. Oktober 1922 wurden zu diesem Zwecke in dem Wiederaufbaugesetz vom 27. November 1922 Richtlinien für eine Sanierung der Bundesbahnen aufgestellt, welche das Jahr 1923, das letzte der ministeriellen Verwaltung mit einem Verluste von 63 Millionen Schilling, abschlossen. Der Völkerbund hat auch wiederholt Fachmänner aus England und der Schweiz mit der Aufgabe betraut, Mittel und Wege zu suchen, um die Bundesbahnen auf eine feste finanzielle Grundlage zu stellen. Dank der Unterstützung des Völkerbundes konnten die gesamten Aufwendungen seit Oktober 1923, insbesondere diejenigen für die Elektrifizierung, bis auf einen noch unbedeckten Betrag von 54 Millionen Schilling aus der Völkerbundanleihe vom Jahre 1930 bestritten und der Betrieb der Bundesbahnen, wenn auch mit großen Schwierigkeiten, weiter aufrecht erhalten werden. Durch das Genfer Protokoll vom Juli 1932 hat der Völkerbund aufs neue sein Interesse für das Schicksal der Bundesbahnen bekundet.

Diese Bestrebungen waren jedoch bisher nicht von Erfolg begleitet und in den Erläuterungen über die Regierungsvorlage zum Bundesfinanzgesetz für das Jahr 1933 ist die schwerwiegende Bemerkung zu lesen, daß „die Finanzierung der Gebarungsabgänge der Bundesbahnen für den Rest des Jahres 1932 und 1933 eines der schwersten Probleme und eine der drückendsten Sorgen bleibt“.

Diese Sachlage rechtfertigt eine erhöhte Aufmerksamkeit des Völkerbundes, zumal eine Änderung im gegenwärtigen Verwaltungssystem der Bundesbahnen nicht ohne seine Zustimmung erfolgen könnte. Das Interesse des Völkerbundes ist aber nicht nur in diesen finanziellen Erwägungen begründet, sondern auch deshalb, weil den Österreichischen Bundesbahnen in verkehrspolitischer Beziehung vermöge ihrer geographischen Lage eine internationale Bedeutung zukommt und daher nicht nur die Nachfolgestaaten, sondern auch die Signatarmächte das größte Interesse daran haben, daß die Bundesbahnen über die erforderlichen Mittel verfügen können, um ihre Einrichtungen und Betriebsmittel auf der Höhe des technischen Fortschrittes zu erhalten.

Schon gleich nach Beendigung des Weltkrieges ist dieses Interesse deutlich hervorgetreten. Damals war eine amerikanische Kommission mit der Aufgabe betraut worden, die klaglose Durchführung der Lebensmittel- und Kohlentransporte auf den Eisenbahnen der ehemaligen österreichisch-ungarischen Monarchie zu überwachen und ein amerikanischer Wirtschaftskommissär amtierte im österreichischen Verkehrsamte in Wien. Diese Tatsache war der Ausfluß der bei der Entente herrschenden Tendenz, auf den Eisenbahnverkehr des früheren Österreich-Ungarn Einfluß zu gewinnen. Man war sich darüber klar, daß das nach geographischen und historischen Gesichtspunkten entstandene Verkehrsnetz Österreich-Ungarns nicht ohne Schädigung aller beteiligten Staaten zerrissen und einer willkürlich nach rein nationalen Gesichtspunkten orientierten Eisenbahnpolitik überantwortet werden dürfe, daß vielmehr ein Verkehrsregime geschaffen werden müsse, das den Interessen aller Beteiligten Rechnung tragen würde.

Ein solcher Wunsch war umso verständlicher, wenn man sich vergegenwärtigte, daß das Eisenbahnnetz der ehemaligen Donaumonarchie den Durchgangsverkehr zwischen Ost-, West-, Süd- und Nordeuropa beherrschte und eigentlich den Kern des ganzen mitteleuropäischen Eisenbahnnetzes bildete. Dies gilt aber auch, wenngleich in verkleinertem Maßstabe, für das Netz der Österreichischen Bundesbahnen, welches in seiner Längsrichtung Wien—Salzburg (Passau)—Buchs (Bregenz) zirka 800 km lang ist und den natürlichen Verbindungsweg zwischen Westeuropa und dem Balkan bildet, während seine bis zu 400 km langen Querlinien die Verbindung zwischen Norden und Süden, zwischen der Tschechoslowakei und Jugoslawien, Italien und der Adria darstellen. Von verhältnismäßig geringem Umfang ist das österreichische Bundesbahnnetz infolge seiner Lage der wertvollste Teil des ehemaligen österreichisch-ungarischen Eisenbahnnetzes und ein wichtiger Block im mitteleuropäischen Verkehrswesen.

Diese Erwägungen mögen wohl dafür bestimmend gewesen sein, daß die Friedenskonferenz von St. Germain sich auch mit dem Problem der Schaffung internationaler Eisenbahnen befaßte. Handelte es sich doch darum, das Gebiet mehrere Staaten durchziehender einheitlich betriebener Eisenbahnen durch Vereinbarungen der Signatarmächte der schrankenlosen Ausübung der Hoheitsrechte der einzelnen Staaten des Bahnbereiches zu entziehen und durch entsprechende Bindungen den Verkehrsinteressen der Gesamtheit der Staaten ihres Bereiches dienstbar zu machen. Das Ziel der Internationalisierung bestand also darin, die Eisenbahnen als Kampfmittel im Wettbewerb der einzelnen Wirtschaftsgebiete auszuschalten und sie den gemeinsamen Interessen dieser Gebiete dienstbar zu machen.

In erster Linie befaßte sich die Friedenskonferenz mit der Internationalisierung der Südbahn, allenfalls unter Einbeziehung eines kleinen Verbindungsstückes zwischen Wien und der tschechoslowakischen Grenze sowie mit den mit der Schaffung des sogenannten Preßburger Korridors im Zusammenhang stehenden Eisenbahnfragen. An Stelle des Preßburger Korridors, durch welchen eine direkte Verbindung zwischen der Tschechoslowakei und Jugoslawien hergestellt werden sollte, wurde dann die Internationalisierung einer über Preßburg—Zalaszentivan—Zakany—Agram nach Fiume führenden Eisenbahnlinie in Erwägung gezogen.

Es wurde ferner vorgeschlagen, die beteiligten Staaten mögen den Betrieb der Nordbahn an die Südbahngesellschaft oder an eine neu zu gründende Betriebsunternehmung gegen eine für beide Bahnen angemessene Beteiligung am Reingewinn übertragen. Diese gemeinsame Betriebsgesellschaft wäre dann unter eine internationale Kommission zu stellen gewesen, die nach Maßgabe zu vereinbarender Bestimmungen die staatshoheitlichen Funktionen auszuüben und auch die materielle Tariffestsetzung für den internationalen Verkehr zu leiten gehabt hätte.

Anfangs schien es, als ob man in St. Germain entschlossen gewesen wäre, die Frage der Internationalisierung großzügig und ohne Erwägungen politischer Natur zu ordnen. Es kam der Entwurf einer Konvention über ein allgemeines internationales Eisenbahnregime zustande. Nach diesem Entwurfe sollten gewisse Strecken als internationale Linien erklärt werden. Der Betrieb dieser Linien sollte entweder einer internationalen Privateisenbahngesellschaft unter Kontrolle einer internationalen Kommission übertragen oder in eigener Regie der territorial beteiligten Staaten durch eine gemeinsame internationale Aufsichtskommission geführt werden. Dieser Entwurf wurde aber von der Friedenskonferenz schließlich abgelehnt, welche sich darauf beschränkte, durch die Aufnahme der Artikel 311 und 320 in den Friedensvertrag nur den Weg zu einer Internationalisierung der Südbahnlinien offen zu lassen.

Artikel 311 lautet:

„Der freie Zugang zum Adriatischen Meer wird Österreich zugestanden und es wird ihm zu diesem Behufe die Freiheit der Durchfuhr über die Gebiete und zu den Häfen, welche von der ehemaligen österreichisch-ungarischen Monarchie abgetrennt wurden, zuerkannt.

— —

Sonderübereinkommen zwischen den beteiligten Staaten werden die Bedingungen der Ausübung der oben zugestandenen Befugnisse bestimmen und werden insbesondere die Art der Benützung der Häfen sowie der zu den selben führenden Eisenbahnlinien, die Einrichtung internationaler (gemeinsamer) Dienste und Tarife durch ein neues Abkommen regeln.“

Artikel 320 lautet:

„Um die Regelmäßigkeit der Betriebsführung auf den Privatbahnnetzen der ehemaligen österreichisch-ungarischen Monarchie sicherzustellen, die infolge der Bestimmungen des gegenwärtigen Vertrages auf den

Gebieten mehrerer Staaten gelegen sind, wird die administrative und technische Reorganisation der gedachten Bahnnetze für jedes Bahnnetz durch ein Übereinkommen geregelt werden, das zwischen der Gesellschaft, die Konzessionärin ist, und den territorial beteiligten Staaten abzuschließen sein wird. Streitpunkte werden Schiedsrichtern unterbreitet werden, die der Rat des Völkerbundes bestimmen wird.“

Außerdem hat Artikel 322 des Friedensvertrages dem tschechoslowakischen Staate das Recht eingeräumt, nach Triest und Fiume seine eigenen Züge über das österreichische Gebiet zu führen, eine Bestimmung, die sich indessen in der Praxis als undurchführbar erwiesen hat.

Unsere Vertreter bei der Friedenskonferenz haben nicht unterlassen, auf die verderblichen Folgen hinzuweisen, die dem internationalen Verkehrsleben aus der Zerstückelung wichtiger Eisenbahnlinien und im besonderen aus der Zerschneidung der südlich der Alpen verlaufenden großen Ost-West-Route erwachsen müssen und den Standpunkt vertreten, daß alle Staaten, deren Handelsinteressen durch die Zerreißung bisher einheitlicher Verkehrswege bedroht sind, es der Einsicht der Friedenskonferenz danken müssen, daß sich durch Aufnahme des Artikels 320 in den Vertrag von St. Germain die Möglichkeit eröffnet hat, wenigstens teilweise den drohenden Schädigungen vorzubeugen. „Soweit es an Österreich liegt“, so wurde in einer vom österreichischen Regierungsvertreter bei der Friedenskonferenz Sektionschef Dr. Müller-Martini verfaßten Denkschrift ausgeführt, „wird dieser Staat seine Konkurrenzinteressen ebenso wie die schmerzlichen Gefühle über die Schädigung seiner Verkehrsinteressen zurückstellen und bereitwillig mitwirken an der Lösung des im Artikel 320 aufgerollten Problems, wie die dem internationalen Verkehrsleben durch die politischen Grenzführungen geschlagenen Wunden geheilt werden können. Denn Österreich ist als Durchzugsland par excellence an der Wiederherstellung gesicherter und geregelter internationaler Verkehrsbeziehungen in allerstärkstem Maße interessiert, und ist sich vollkommen klar darüber, daß es diesem Ziele manche geringeren, wenn auch durchaus nicht leicht wiegenden Rücksichten wird opfern müssen“.

Als ein befriedigender Ausweg aus der durch die politischen Grenzführungen geschaffenen Situation wurde in der österreichischen Denkschrift die Internationalisierung der Südbahn, wenigstens in bezug auf die Hauptrouten Wien—Triest und Pragerhof—Marburg Franzensfeste—Bozen (Innsbruck), bezeichnet, welcher Weg im Artikel 320 und speziell bezüglich der Linie Wien—Triest auch im Artikel 311 des Vertrages von St. Germain vorgezeichnet sei. Der Begriff der Internationalisierung wurde dahin gekennzeichnet, daß er die Übertragung der staatshoheitlichen Funktionen und namentlich auch die materielle Festsetzung der Tarife für den internationalen Verkehr an eine überstaatliche internationale Kommission zum Inhalt haben müsse. In der österreichischen Denkschrift wurde auch das Problem der Internationalisierung der Nordbahnlinie Krakau—Wien behandelt, obwohl der

Artikel 320 des Vertrages von St. Germain sich nur auf die Privatbahnen bezieht und die Nordbahn in diesem Zeitpunkte schon verstaatlicht war. Es ist auch bekannt geworden, daß maßgebende polnische Politiker für dieses Projekt eingetreten sind, da hier die Interessen Österreichs mit denjenigen Polens und der Tschechoslowakei vollständig parallel laufen. „Ein einheitlicher Linienzug Krakau— (vielleicht Warschau—) Wien—Triest", wurde in der mehrerwähnten Denkschrift ausgeführt, „hat zuviel Anziehungskraft, als daß der Gedanke nicht vom hohen Rat geprüft werden sollte."

Die Internationalisierung der Südbahn hätte nicht allein für den Nord-Süd-Verkehr Bedeutung erlangt. Auch für das Schicksal der Adriahäfen und für deren Entwicklung wäre es von allergrößtem Vorteil gewesen, samt ihrem Attraktionsgebiet mit einem einheitlich geleiteten und betriebenen Bahnnetz in Verbindung zu bleiben, und daß ihr Wirkungskreis durch einheitlich gedachte und ausgeführte Tarifmaßnahmen erhalten und ausgedehnt worden wäre.

Die im Artikel 320 vorgezeichneten Richtlinien der Internationalisierung konnten aber nicht zur Durchführung gelangen, da sowohl Italien wie Jugoslawien aus politischen und militärischen Rücksichten eine einheitliche Betriebsführung ablehnten. Nur der tatkräftigen Initiative des italienischen Staatsrates Dr. Brocchi war es zu danken, daß im Accord von Rom, d. d. 29. März 1923, der das Verhältnis der Südbahngesellschaft zu den Obligationären regelte, eine Formel für die Förderung des internationalen Verkehres auf den Südbahnlinien gefunden wurde, die jenen Rest des ursprünglichen Internationalisierungsgedankens in sich birgt, der eben durchsetzbar war. Ein aus den Vertretern der Staaten im Verwaltungsrate gebildetes Komitee wurde mit der Aufgabe betraut, für den internationalen Verkehr, insbesondere durch Aufstellung direkter Tarife, zu sorgen.

Als der Friedensvertrag von St. Germain im Jahre 1919 in der französischen Kammer zur Verhandlung gelangte, wurde der Gedanke der Internationalisierung der Eisenbahnen der ehemaligen österreichisch-ungarischen Monarchie neuerdings aufgeworfen, indem der Referent, der Deputierte Margaine, ausführte: „Wenn man wünscht, daß die Sukzessionsstaaten der alten Monarchie, soweit Handel und Industrie in Betracht kommen, untereinander verbunden werden, so ist vor allem die Einheit der Verkehrsmittel anzustreben[1])."

---

[1]) Auch der frühere Unterstaatssekretär Ing. Bruno von Enderes trat in einem im Jahre 1919 im N.-ö. Gewerbeverein gehaltenen Vortrag für eine Eisenbahngemeinschaft aller beteiligten Nationalstaaten ein. Wenigstens sollten nach seiner Ansicht weitgehende Vereinbarungen hinsichtlich gewisser Betriebszweige zustande kommen. „Die Organisation unserer gesamten Wagenwirtschaft", so führte Enderes aus, „könnte eine andere sein, als wenn jeder der Nationalstaaten sein Eisenbahnwesen sozusagen hinter einer chinesischen Mauer abschließt. Ähnliches gelte, wenn die Nationalstaaten sich zu einer vollen Tarifgemeinschaft entschließen wollten."

Von diesem Gedankengange haben sich aber die Nachfolgestaaten seither weit entfernt, und so wie die Dinge heute liegen, da sich die neu gebildeten Staaten mit vielfach widerstreitenden Interessen entgegenstehen, könnte ohne Einwirkung des Völkerbundes eine einheitliche, über diesen Sonderinteressen stehende, verkehrsfördernde großzügige Tarifpolitik kaum in Frage kommen.

Man vergegenwärtige sich aber zum Beispiel, wie sich die Lage des tschechoslowakischen Staates gestaltet hat, seitdem seine Ein- und Ausfuhr allein auf die tarifarische Unterstützung seiner Staatsbahnen angewiesen ist. Früher standen der tschechischen Produktion durchgerechnete niedrige Tarife zur Verfügung. Heute hat sie mit der erheblich höhere Frachtsätze ergebenden Berechnung der Tarife ab der Landesgrenze zu rechnen. Früher hatten die Eisenwerke in Schönbrunn-Witkowitz durchgerechnete niedrige Erztarife aus Steiermark zur Verfügung; gegenwärtig werden diese Tarife durch Anstoß unabhängig voneinander und ohne inneren Zusammenhang gebildeter Frachtsätze nach und von der Landesgrenze ermittelt. Früher bestanden für Glas, Spiritus und Zucker von den Glasfabriken und Raffinerien des tschechoslowakischen Gebietes nach den österreichischen Alpenländern durchgerechnete Tarife. Alle diese Vorteile muß die tschechoslowakische Industrie jetzt entbehren. Um die Konkurrenzkraft der böhmischen Industrie in der Levante und im Fernen Osten zu heben, wurde die Tauernbahn gebaut. Man bedenke welche Vorteile sich für die tschechoslowakische Industrie ergaben, wenn die Tarife für die ganze 800 km lange Strecke von Prag nach Triest auf einheitlicher Grundlage erstellt wurden und wie wenig der tschechoslowakischen Industrie die Nordroute bietet, auf der die Sendungen nach einem Eisenbahndurchlauf von wenigen Kilometern an die deutschen Eisenbahnen abgegeben werden müssen, die keine Veranlassung haben, die tschechoslowakische Industrie durch Frachterleichterungen zu unterstützen. Der Vorteil eines tarifpolitischen Zusammenschlusses des tschechoslowakischen Staates mit den anderen Nachfolgestaaten ergibt sich auch daraus, daß der tschechoslowakische Staat über keinen Seehafen verfügt, und daß weder Preßburg noch Danzig hiefür einen Ersatz zu bieten vermögen.

Besonders nachteilig hat sich der durch die Friedensverträge geschaffene Zustand für Ungarn gestaltet, dessen landwirtschaftliche Produkte früher auf der Westroute bis Buchs, auf der Nordroute bis Oderberg auf Grund eines einheitlichen Tarifes befördert werden konnten,

---

In einer im Jahre 1918 erschienenen Studie: „Die Verwaltungsreform der nationalen Bahnen Österreichs", habe ich die Frage behandelt, ob nicht im Interesse aller Nationalstaaten nach einer Lösung zu suchen wäre, die unbeschadet der Hoheitsrechte der Territorialstaaten die Einheitlichkeit des Betriebes der bisherigen Staatsbahnlinien aufrechterhalten würde.

Siehe ferner meinen Artikel in der „Neuen Freien Presse" vom 15. Januar 1925: „Der wirtschaftliche Zusammenschluß der Sukzessionsstaaten im Wege einer Eisenbahngemeinschaft".

während jetzt fast prohibitive Eisenbahntarife der Ausfuhr sich entgegenstellen.

Was aber Österreich betrifft, so ist dieses ein Durchzugsland in der Richtung Nord-Süd für den Verkehr eines großen Teiles von Mitteleuropa nach und von dem Mittelländischen Meer und es ist Durchzugsland in der Richtung Ost-West für den Verkehr des westlichen Europa mit den südöstlichen europäischen Staaten und dem Orient. Ohne ein internationales Regime ist Österreich nicht imstande, die ihm durch die geographische Lage zugewiesene Aufgabe als Durchzugsland zu erfüllen. Die Aufrechterhaltung des gegenwärtigen Zustandes ist mit einer schweren Schädigung der österreichischen Volkswirtschaft verbunden, trotz aller zum Schutze derselben getroffenen Maßnahmen, wobei sich wieder der Ausspruch Friedrich Lists bestätigt hat, daß ein kleiner Staat großen Staaten gegenüber das System der Beschränkungen nicht mit Erfolg behaupten kann.

Gegenwärtig befindet sich das internationale Verkehrswesen vom Standpunkte der Tarife und der Bestimmungen über die Frachtberechnung in einem trostlosen Zustande. Die geänderten staatlichen und wirtschaftlichen Verhältnisse, die tarifpolitischen Bindungen in den Friedensverträgen, die Währungsverhältnisse, ein System von Ein- und Ausfuhrverboten haben im Tarifwesen aller europäischen Eisenbahnen einen chaotischen Zustand herbeigeführt. Insbesondere in Mitteleuropa sind durch den Zerfall der österreichisch-ungarischen Monarchie an die Stelle zweier großer, nach gleichen Grundsätzen verwalteter Eisenbahnnetze mehrere Netze getreten, die sich von den ehemals gemeinsamen Grundlagen der Tarife emanzipierten und neue, voneinander erheblich abweichende Tarife einführten. Hieran hat auch der Umstand nicht viel geändert, daß nach dem Krieg im Interesse des internationalen Verkehres zwei Vereinbarungen getroffen worden sind, und zwar das sogenannte Abkommen von Barcelona vom 20. April 1921 über die Freiheit des Durchgangsverkehres und das Genfer Übereinkommen über die internationale Rechtsordnung der Eisenbahnen vom 9. Dezember 1923. Während das erstere Übereinkonmen nur allgemeine Regeln für den Durchgangsverkehr enthält, sind durch das Genfer Übereinkommen besondere Regeln für den internationalen Verkehr normiert. Die beteiligten Staaten haben sich verpflichtet, möglichst direkte Tarife nach Maßgabe der Bedürfnisse des internationalen Verkehres einzuführen, die eine rasche Frachtberechnung für die wichtigsten Verkehrswege ermöglichen. Ja, es ist sogar festgelegt worden, nach möglichster Einheitlichkeit in der Gestaltung der internationalen sowie auch der Binnentarife zu streben. Die Bildung von direkten internationalen Tarifen begegnet jedoch gegenwärtig großen Schwierigkeiten, da in allen Ländern die Tarife viel komplizierter geworden sind und es infolgedessen nicht leicht ist, einen direkten Frachtsatz aus den verschiedenen internen Frachtsätzen zu bilden, wozu noch der Umstand kommt, daß die Währungen der einzelnen Länder starken

Schwankungen ausgesetzt sind, so daß mit einem im Tarif festgelegten Umrechnungssatz nicht das Auslangen gefunden werden kann.

Aber auch auf verkehrspolitischem Gebiete macht sich das Bedürfnis nach einer Neuordnung geltend. Noch vor dem Weltkrieg stand in den Güterverkehren mit dem Auslande der Tarif- und Interessengemeinschaft der deutschen Eisenbahnen die österreichische Gemeinschaft gegenüber. Diese beruhte auf dem Zusammenschluß aller österreichischen Staats- und Privatbahnen zum Zwecke der Erlangung möglichst günstiger Verkehrsquoten für die längeren inländischen Wege auf Kosten der längeren Auslandswege. In Konsequenz dieses Zusammenschlusses wurden zum Beispiel die Transporte zwischen den österreichischen Alpenländern und dem östlichen Deutschland nicht über Bayern, sondern über Böhmen geleitet, somit über die Wege mit dem längeren Durchlauf des ehemaligen Österreich. An dieser Verkehrsleitung hat insbesondere der tschechoslowakische Staat ein lebhaftes Interesse, da er beim Wege über Bayern nunmehr vollständig ausgeschlossen ist. Während die innere Geschlossenheit des früheren österreichischen Netzes und damit die Aktionskraft der ganzen Vereinigung infolge der Bildung der Nationalstaaten verloren ging, hat die Beeinflussung des internationalen Verkehres durch die deutschen Eisenbahnen nach dem Zusammenschluß der deutschen Staatsbahnen, der zur Schaffung der Reichsbahn und in weiterer Folge zur Gründung der Reichseisenbahngesellschaft führte, eine weitere Stärkung erfahren. Dieser Umstand trat in den in der Nachkriegszeit abgeschlossenen Eisenbahnkartellen und in der letzten Zeit in den Wettbewerbsverhältnissen zwischen den am adriatischen Verkehr beteiligten Verwaltungen und den Nordseehäfen besonders deutlich in die Erscheinung, indem der legitime Besitzstand der Adriahäfen ernstlich bedroht wurde. Hiebei kam den deutschen Reichsbahnen noch der Umstand zu statten, daß sie in der internationalen Donau einen sogenannten verlängerten Arm besitzen.

Es ist leider wenig Aussicht vorhanden, daß in den gegenwärtigen unleidlichen Verhältnissen von selbst eine Wendung zum Besseren eintritt, und wir sind weit entfernt von der Auffassung, die Lorenz von Stein von den Eisenbahnen hatte und die er in den Worten ausdrückte: „Im Eisenbahnwesen scheinen Völker und Staaten sich vollständig zu verschmelzen; sie scheinen wie das Geldkapital weder staatliche Körper noch Nationalität zu kennen, und gerade darin scheint der tiefste Grund ihrer Bedeutung zu liegen.“ Es wirft sich jedoch die Frage auf, ob nicht die Nachfolgestaaten unter Einwirkung des Völkerbundes zu Vereinbarungen gelangen könnten, welche die rein nationalen Gesichtspunkte auf dem Gebiete der Tarif- und Verkehrspolitik durch staatsrechtliche Vereinbarungen ersetzen würden, um auf diese Weise unter der Kontrolle eines vom Völkerbund zu bestellenden internationalen Organs einen alle Interessen gleichmäßig berücksichtigenden Durchzugs- und zwischenstaatlichen Verkehr sicherzustellen. Ähnliche Vereinbarungen waren auf dem Gebiete des Tarifwesens vor dem Weltkrieg im Ausgleich mit Ungarn, sowohl für den Verkehr nach dem Westen wie nach dem Balkan sowie in der in den Jahren 1880 und 1883 zwischen Österreich-Ungarn, Serbien, der Türkei und Bulgarien abgeschlossenen Eisenbahnkonvention (genannt Convention à quatre) enthalten[1]).

Als Vorbild für eine staatsrechtliche Vereinbarung auf tarifarischem Gebiete könnte das im Accord von Rom, d. d. 29. März 1923, betreffend die im Sinne des Artikels 320 des Friedensvertrages von St. Germain erfolgte Neuorganisation des ehemaligen Südbahnnetzes vorgesehene Staatenkomitee dienen. Der Wirkungskreis dieses Staatenkomitees, welches aus den dem Verwaltungsrate der Donau-Save-Adria Eisenbahn (vormals Südbahngesellschaft) angehörigen Regierungsvertretern von Österreich, Ungarn, Italien und Jugoslawien besteht, hat die Aufgabe, den direkten Verkehr zwischen den vertragschließenden Staaten, insoweit die Linien der Gesellschaft in Frage kommen, nach bestimmten Grundsätzen zu fördern. Neben der Verpflichtung, für die Beförderung von Personen und Güter direkte Tarife zu erstellen, Tarifermäßigungen zu gewähren, obliegt dem Staatenkomitee auch, die Bedingungen für die Vereinbarungen festzusetzen, welche aus dem internationalen Verkehr zwischen den Netzen der Gesellschaft Bezug haben. Da jedoch das Recht der Festsetzung der Tarifgrundlagen (Lokaltarif) jedem einzelnen Staate vorbehalten ist und weitergehende tarifarische Maßnahmen mit Stimmeneinhelligkeit gefaßt werden müssen, ist dieses Staatenkomitee, abgesehen von seiner prinzipiellen Bedeutung weit entfernt, jene Aufgabe zu erfüllen, mit der sich schon die unter den Auspizien des Völkerbundes im November 1921 in Portorose abgehaltene Wirtschaftskonferenz der Nachfolgestaaten der österreichisch-ungarischen Monarchie beschäftigte, das ist die Wiederherstellung der vorkriegsmäßigen Verkehrsverhältnisse. Zu diesem Zwecke müßten die Nachfolgestaaten unter Mitwirkung des Völkerbundes nach dem Vorbilde des Accords von Rom, aber auf breiterer Grundlage ein eigenes Staatenkomitee bilden, in welchem der Zusammenschluß aller Staatsbahnlinien der Nachfolgestaaten auf dem Gebiete der Tarif- und Verkehrspolitik seinen Ausdruck zu finden hätte. Es

---

[1]) Diese Konvention umfaßte folgende Punkte:

1. Die Erstellung der Tarife für das Konventionalgebiet auf einheitlicher Basis, und zwar auf Grund besonderer einheitlicher Sätze.
2. Ein einheitliches Reglement für den Konventionsverkehr.
3. Die Staaten verpflichteten sich in tarifarischer Beziehung — unter Wahrung des freien Tarifierungsrechtes im Lokalverkehr — für den Übergangs- und Transitverkehr auf den Konventionallinien die aus den Vertragsstaaten kommenden Transporte nicht ungünstiger zu behandeln als die eigenen Transporte (Tarifparität) und weiters die Transporte der vertragschließenden Teile aller jener Vorteile teilhaftig werden zu lassen, die diesen Staaten — sei es direkt, sei es indirekt — eingeräumt sind. (Tarifarische Meistbegünstigung.)
4. Herstellung günstiger Zugsanschlüsse.
5. Vereinfachung der Zollabfertigung und des Grenzpolizeidienstes.

unterliegt keinem Zweifel, daß die Erkenntnis sich früher oder später Bahn brechen wird, daß in der Verteilung der wirtschaftlichen Kräfte der Nachfolgestaaten und in der Rentabilität der ehemaligen Staatsbahnen starke Beweggründe für einen engeren Zusammenschluß gelegen sind, zumal in allen Budgets der Nachfolgestaaten die Eisenbahnen diejenige Post bilden, welche den ungünstigsten Einfluß auf das Gleichgewicht im Staatshaushalte ausübt.

Um aber die Österreichischen Bundesbahnen in ein internationales Regime einfügen zu können, ist eine vollständige Neuordnung ihrer finanziellen Grundlagen erforderlich. Es müßte ein Weg gefunden werden, um die Bundesbahnen von ihrer drückenden Verschuldung zu befreien und die Voraussetzungen für die Bildung eines ausreichenden Investitionsfonds zu schaffen.

Die finanzielle Notlage, in der sich die Bundesbahnen derzeit befinden und die nicht zum geringen Teil auf die politische Grenzführung auf Grund des Friedensvertrages von St. Germain zurückzuführen ist, läßt es begreiflich erscheinen, wenn in letzter Zeit verschiedene Pläne über die Frage einer eventuellen Entäußerung des bundesstaatlichen Eisenbahnbesitzes den Weg in die Öffentlichkeit fanden. Es muß daran erinnert werden, daß anläßlich der Beratung des Bundesbahngesetzes im Jahre 1923 von maßgebenden Stellen die damals in die Wege geleitete Neuorganisation als der letzte Versuch hingestellt wurde, dem Bundesstaate den Besitz der Bundesbahnen zu erhalten. In einer am 24. August 1923 gehaltenen Rede hat der damalige Bundeskanzler Dr. Seipel erklärt, daß man, wenn es nicht gelingen sollte, das Betriebsdefizit gänzlich zum Schwinden zu bringen, vielleicht doch noch den letzten und äußersten Schritt machen müsse: Abstoßen der Bahnen vom Staate und Übergabe an die Privatwirtschaft. Eine ähnliche Erklärung hat der Finanzminister des Kabinets Dr. Seipel Dr. Kienböck in öffentlichen Versammlungen abgegeben, indem er bemerkte, daß wenn auch die Regierung den Weg der Veräußerung oder Verpachtung der Bundesbahnen nicht selbst beschreiten werde, man doch nicht wissen könne, wohin der Weg schließlich führen werde. Auch der frühere Präsident Dr. Günther hat in seiner mehrerwähnten Denkschrift die Kommerzialisierung als den letzten Versuch bezeichnet, um das unerträglich gewordene Defizit zu beseitigen. Schlug dieser Versuch fehl, zu diesem Schlusse gelangte Dr. Günther, gibt es nur einen Ausweg: Die völlige Abstoßung, die Verpachtung oder den Verkauf der Bundesbahnen.

Trotzdem kann allen Bestrebungen, die auf eine Entäußerung des staatlichen Eisenbahnbesitzes abzielen, nicht entschieden genug entgegengetreten werden. Abgesehen von den prinzipiellen Erwägungen, welche gegen eine solche Absicht ins Feld geführt werden müßten, wäre an die Erzielung eines Preises, der auch nur halbwegs an die Höhe des heute in der Bilanz ausgewiesenen Anlagekapitals der Bundesbahnen heranreichen würde, unter den gegenwärtigen Umständen nicht zu denken, zumal der Ertragswert heute nicht abzuschätzen ist.

In der Nachkriegszeit wurden jedoch die Staatsbahnen vielfach in Zusammenhang mit allgemeinen staatsfinanziellen Problemen gebracht. Sowohl die deutschen Reichsbahnen, wie die Belgischen Staatsbahnen sind in Aktiengesellschaften umgewandelt worden, und zwar erstere durch das Gesetz vom 30. August 1924 bzw. 14. März 1930, letztere durch das Gesetz vom 23. Juni 1926. Diesen neugebildeten Aktiengesellschaften wurde nicht das Eigentum, sondern nur das Betriebsrecht für eine bestimmte Dauer übertragen, welches allerdings ebenso hoch bewertet wurde wie das Eigentum. Dieses ist unangetastet geblieben. Nach dem finanziellen Aufbau der so gebildeten Betriebsgesellschaft verblieb die Majorität des Aktienkapitals den Staaten, die Hoheitsrechte wurden in keiner Weise geschmälert und statutenmäßig wurden die Betriebsgesellschaften verpflichtet, in erster Linie auf die Interessen der Volkswirtschaft Rücksicht zu nehmen.

Während die Autonomisierung der deutschen Reichsbahnen sich infolge der Konstruktion einer kapitalisierten Reparationsschuld als notwendig erwies, waren es in Belgien die ernsten finanziellen Schwierigkeiten, mit denen das Land infolge der Entwicklung des Franken zu kämpfen hatte, welche den Anstoß zur Bildung der Nationalen Gesellschaft der belgischen Eisenbahnen gaben.

In der Bilanz der Österreichischen Bundesbahnen für das Jahr 1931 ist das Treuhandvermögen des Bundes nach Abzug der Anlageschulden und der kurzfristigen Schulden in der Höhe von rund 1 Milliarde Schilling mit rund 2 ½ Milliarden Schilling ausgewiesen, aber nur für diejenigen Linien, welche vor dem Umsturz einen Bestandteil der staatlichen Bahnen der Monarchie gebildet haben, also insbesondere ohne die ehemaligen Südbahnlinien, deren Anlagekosten mit 900—1000 Millionen Schilling bewertet werden. In dem Gutachten Herolds wird die Schätzung der Bundesbahnen als eine recht bescheidene bezeichnet und eine Neueinschätzung der im Eigentum der Bundesbahnen stehenden Anlagen als wünschenswert erachtet[1]). In der Übernahmsbilanz vom 1. Oktober 1923 wurden sämtliche übernommenen Bahnanlagen samt Fahrpark nur mit 19,8 Millionen Schilling bewertet.

Eine teilweise Mobilisierung der in unserem Eisenbahnbesitz sich darbietenden wertvollen Aktiven nach dem Vorbilde Deutschlands oder Belgiens könnte für die finanzielle Lage unseres Staates von größter Bedeutung sein. Wir brauchen fremdes Geld im Lande, aber nicht in Form einer weiteren Verschuldung, sondern in Form einer finanziellen Beteiligung an den Bundesbahnen. Diese Beteiligung können wir nur erhalten, wenn wir den Geldgebern einen gewissen Einfluß auf die Verwaltung unserer Eisenbahnen einräumen. Wir müssen uns mit diesen notwendigen Konsequenzen unserer finanziellen Lage befreunden, wenn wir wollen, daß unsere Bahnen in absehbarer Zeit

[1]) Der Bilanzwert der Tschechoslowakischen Staatsbahnen wurde Ende 1930 vom tschechoslowakischen Eisenbahnministerium mit 16,8 Milliarden tschechischen Kronen ermittelt.

auf ihren früheren Stand gebracht werden, wenn wir die reichen Schätze der heimischen Wasserkräfte dem Eisenbahnverkehr in Form von elektrischer Energie dienstbar machen wollen. Wir müssen uns in Erinnerung rufen, welche Rolle das ausländische Kapital in der Geschichte des österreichischen Eisenbahnwesens gespielt hat. Die zwei größten österreichischen und ungarischen Eisenbahngesellschaften, die Staatsbahn- und die Südbahngesellschaft, wurden von ausländischem Kapital gegründet und obwohl das Netz dieser Gesellschaften in zwei Staaten gelegen war, viele Jahrzehnte hindurch nach einheitlichen Grundsätzen verwaltet. Mehr denn je wäre der Völkerbund im gegenwärtigen Zeitpunkte berufen, sein Interesse an der Neuordnung des österreichischen Eisenbahnwesens zu betätigen, wenn hiemit, wie früher ausgeführt wurde, ein Zusammenschluß der Nachfolgestaaten auf tarif- und verkehrspolitischem Gebiete Hand in Hand ginge. Macht sich doch die Zerrissenheit Mitteleuropas nirgends so verheerend geltend, als gerade bei den einzelnen Eisenbahnverwaltungen der Nachfolgestaaten. „Die heutige Situation“, so führte Dr. Benesch, der Außenminister der Tschechoslowakischen Republik, kürzlich in einer Ausschußsitzung des Prager Senates aus, „ist so, daß diese zerrissenen wirtschaftlichen Zusammenhänge, die Nachkriegsverhältnisse und die daraus entstehenden politischen Streitigkeiten sowie die schlechte Wirtschaft in einzelnen Staaten die allgemeine schlechte wirtschaftliche und finanzielle Situation herbeigeführt haben“. Nicht nur die Nachfolgestaaten, auch die Ententestaaten haben ein Interesse an einem ungehinderten und gesicherten Durchzug auf unseren Eisenbahnen. Italien hat dieses Interesse dokumentiert, als es anläßlich der Internationalisierung der Donau-Save-Adria Eisenbahn (vormals Südbahngesellschaft) in eine Garantieverpflichtung für Österreich eintrat. Wir müssen das Interesse derjenigen Staaten, für die ein ungehinderter und gesicherter Durchzug über unsere Bundesbahnen von Bedeutung ist, im Wege staatsrechtlicher Vereinbarungen mit unseren eigenen Interessen verknüpfen und auf die Herstellung eines Regimes hinwirken, welches im zwischenstaatlichen Verkehr normale Verhältnisse herbeizuführen imstande ist.

Dem Völkerbund, der schon vor zehn Jahren in das Schiksal der Bundesbahnen eingegriffen hat, obliegt auch jetzt die Verpflichtung, einen Weg zu finden, um die Österreichischen Bundesbahnen unter Bedachtnahme auf ihre verkehrspolitische Bedeutung auf eine solche finanzielle Grundlage zu stellen, daß der ungestörte Betrieb derselben gewährleistet und der Bund von der durch den Friedensvertrag hervorgerufenen unerträglichen Belastung befreit wird.

Immer mehr verdichtet sich die Anschauung, daß die gegenwärtigen Zustände im zwischenstaatlichen Verkehr, die von einem sich immer mehr steigernden Protektionismus beeinflußt werden, den der frühere britische Schatzminister Snowden als „ökonomischen Nationalismus“ gekennzeichnet hat, auf die Dauer unhaltbar sind, daß die bisherigen

Mittel der Handelspolitik sich als untauglich erweisen und neue Wege gefunden werden müssen, um einen allmählichen Abbau der aufgerichteten Schranken herbeizuführen. Es müssen neue Formen gefunden werden, die weitaus elastischer und politisch annehmbarer sein müssen als die bisher versuchten Mittel. Die Hindernisse, welche sich dem internationalen Verkehr infolge der Zersplitterung des Eisenbahnwesens entgegenstellen, müssen beseitigt werden. Einer Entspannung auf handelspolitischem Gebiete muß eine neue Organisation des Eisenbahnsystems vorangehen. Dies gilt insbesondere für den Verkehr zwischen den Nachfolgestaaten, die geographisch, durch die Natur und durch die geschichtliche Tradition darauf angewiesen sind, den allergrößten Teil ihrer Handelsbeziehungen untereinander abzuwickeln.

Anhang

I.

Bundesgesetz vom 19. Juli 1923, BGBl. Nr. 407, über die Bildung eines Wirtschaftskörpers „Österreichische Bundesbahnen“ (Bundesbahngesetz)

Der Nationalrat hat beschlossen:

§ 1

Zur Führung des Betriebes der Bundesbahnen wird unter der Firma „Österreichische Bundesbahnen“ ein eigener Wirtschaftskörper gebildet. Diese Unternehmung hat ihren Sitz in Wien. Sie ist juristische Person und als Kaufmann beim Handelsgericht in Wien zu protokollieren.

§ 2

(1) Die Unternehmung „Österreichische Bundesbahnen“ hat das gesamte Vermögen der Bundesbahnen mit allen damit verbundenen Rechten und Pflichten treuhändig zu verwalten.

(2) Die Unternehmung „Österreichische Bundesbahnen“ setzt die Betriebsführung und alle damit verbundenen Rechtsverhältnisse der bisherigen Bundesbahnverwaltung fort. Sie übernimmt daher auch die Führung des Betriebes der vom Bunde für eigene und fremde Rechnung betriebenen Eisenbahnen, einschließlich der österreichischen Trajektanstalt und Dampfschiffahrt auf dem Bodensee sowie sonstiger Nebenbetriebe.

(3) Die Gebarung der „Österreichischen Bundesbahnen“ ist bei Wahrung und Sicherung der allgemeinen Interessen nach kaufmännischen Grundsätzen zu führen. Alle von den Bundesbahnen im Interesse der Bundesverwaltung und im Interesse von Bundesbetrieben gewährten Begünstigungen und übernommenen Leistungen sind besonders in Rechnung zu stellen.

(4) Insolange und insoweit die Ausgaben in den Einnahmen ihre Deckung nicht finden, wird der Abgang vom Bunde gedeckt. Der unter dieser Voraussetzung den Bundesbahnen zu leistende Bundeszuschuß ist im jeweiligen Bundesfinanzgesetz verfassungsmäßig sicherzustellen und der Unternehmung nach einem von ihr aufzustellenden und dem Bundesministerium für Finanzen vorzulegenden Jahresprogramm in monatlichen Teilbeträgen zu überweisen.

§ 3

Die „Österreichischen Bundesbahnen“ erhalten vom Bund ein Grundkapital in der Höhe von 200 (zweihundert) Milliarden Kronen.

§ 4

(1) Die Bundesbahnangestellten der bisherigen Österreichischen Bundesbahnen sind unter Weitergeltung der den Abbau regelnden Vorschriften (Bundesgesetz vom 24. Juli 1922, BGBl. Nr. 499, Verordnung vom 14. Februar 1923, BGBl. Nr. 91) in den Dienst der Unternehmung „Österreichische Bundesbahnen" zu übernehmen. Die Bundesregierung wird ermächtigt, den auf die „Österreichischen Bundesbahnen" entfallenden Teil der in der Verordnung vom 14. Februar 1923, BGBl. Nr. 91, festgesetzten Gesamtzahl der abzubauenden Angestellten nach Anhörung des Vorstandes der Unternehmung zu bestimmen.

(2) Die derzeit bestehenden Vorschriften über das Dienstverhältnis der Bundebahnangestellten einschließlich der Bestimmungen über die Personalvertretungskörper und über die Pensionen bleiben so lange in Geltung, bis sie durch Vereinbarung zwischen der Unternehmung und dem Zentralausschuß des Personals der „Österreichischen Bundesbahnen" abgeändert werden. Eine den Bedürfnissen der kaufmännischen Betriebsführung anzupassende Neuregelung dieser Vorschriften ist bis spätestens 31. Dezember 1924 zu vereinbaren.

(3) Das Dienstverhältnis der im Eisenbahn-, Schiffahrt- und Luftfahrdienste des Bundesministeriums für Handel und Verkehr derzeit beschäftigten Bundesangestellten, die in diesem Ministerium weiterverwendet werden, bleibt unverändert. Dagegen sind die Bundesangestellten, die von den „Österreichischen Bundesbahnen" übernommen werden, in das Dienstverhältnis der Bundesbahnangestellten überzuführen. Bundesangestellte, die einer solchen Überführung nicht zustimmen, sind nach den Vorschriften über den Angestelltenabbau zu behandeln.

(4) Die Unternehmung „Österreichische Bundesbahnen" übernimmt die Ruhe- und Hinterbliebenenversorgung aller in ihren Dienst übernommenen aktiven Bundesbahnbediensteten. Sie leistet ferner einen angemessenen, durch Vereinbarung zwischen dem Bund und der Unternehmung festzusetzenden Beitrag zu den Lasten der Ruhe- und Hinterbliebenenversorgung für die von der Unternehmung nicht übernommenen Bundesbahnbediensteten und für die im Zeitpunkte der Übernahme der Betriebsführung durch die Unternehmung bereits im Ruhestande befindlichen Staatsbahn- und Bundesbahnbediensteten.

§ 5

Die Unternehmung „Österreichische Bundesbahnen" hat nachstehende Organe:

1. Der Vorstand (§§ 6 bis 9).
2. Die Verwaltungskommission (§§ 10 bis 13).

§ 6

(1) Die „Österreichischen Bundesbahnen" werden durch einen Vorstand geleitet. Dieser vertritt die Unternehmung gerichtlich wie außergerichtlich. Die Bestimmungen der Artikel 228 bis 231 des Handelsgesetzbuches finden auf den Vorstand sinngemäß Anwendung.

(2) Die Mitglieder des Vorstandes haften der Unternehmung für jeden Schaden, der aus der Vernachlässigung der Sorgfalt eines ordentlichen Kaufmannes entsteht. Die Ansprüche der Unternehmung aus dieser Haftung sind durch die Verwaltungskommission geltend zu machen.

§ 7

(1) In bürgerlichen Rechtssachen und vor den Gerichtshöfen des öffentlichen Rechtes können sich die „Österreichischen Bundesbahnen" auch durch die Finanzprokuratur vertreten lassen; die Bestimmungen der für die Finanzprokuratur geltenden Dienstesinstruktionen finden sinngemäße Anwendung. Insoweit die Finanzprokuratur hienach Verwaltungsbehörden mit ihrer Vertretung zu betrauen hat, gilt dies auch hinsichtlich der „Österreichischen Bundesbahnen" mit der Maßgabe, daß sie hierüber mit der Unternehmung das Einvernehmen zu pflegen hat.

(2) Der allgemeine Gerichtsstand der „Österreichischen Bundesbahnen" bestimmt sich ohne Rücksicht auf die Vertretung nach ihrem Sitze (§ 75, Absatz 1, Jurisdiktionsnorm).

(3) Als Niederlassung im Sinne des § 87, Absatz 2, Jurisdiktionsnorm sind nur die Direktionen anzusehen.

§ 8

(1) Der Vorsitzende und die übrigen Mitglieder des Vorstandes, die österreichische Bundesbürger sein müssen, werden vom Präsidenten der Verwaltungskommission namens der Unternehmung durch Dienstvertrag bestellt. Diese Dienstverträge bedürfen der Bestätigung der Bundesregierung.

(2) Die Mitglieder des Vorstandes müssen die Funktion eines Vorstandsmitgliedes als Beruf ausüben. Jede gleichzeitige andere Erwerbstätigkeit bedarf der Genehmigung des Bundesministers für Handel und Verkehr.

(3) Mitglieder des Nationalrates, des Bundesrates oder eines Landtages, der Bundesregierung oder einer Landesregierung können nicht gleichzeitig Mitglieder des Vorstandes sein.

§ 9

Die Mitglieder des Vorstandes können vom Präsidenten der Verwaltungskommission mit Zustimmung der Bundesregierung abberufen werden. Die Abberufung muß erfolgen, wenn es die Bundesregierung verlangt. Durch die Abberufung werden die Entschädigungsansprüche aus bestehenden Verträgen nicht berührt.

§ 10

(1) Die Überwachung der Geschäftsführung der „Österreichischen Bundesbahnen" bei gleichzeitiger Wahrung allgemeiner Interessen liegt einer Verwaltungskommission ob. Ihre Mitglieder, die österreichische Bundesbürger sein müssen, werden von der Bundesregierung jeweils für eine dreijährige Amtsdauer bestellt. Von ihnen scheidet jährlich ein Drittel aus. In den ersten zwei Jahren werden die Ausscheidenden durch das Los bestimmt. Ihre Wiederberufung ist zulässig. Scheidet ein Mitglied vorzeitig aus, so ist für den Rest der Funktionsdauer ein neues Mitglied zu ernennen.

(2) Die Verwaltungskommission besteht aus vierzehn Mitgliedern. Elf Stellen sind mit Fachleuten des Verkehrswesens, der Volkswirtschaft und selbständigen oder in leitender Stellung befindlichen Persönlichkeiten des praktischen Wirtschaftslebens zu besetzen. Drei Mitglieder werden auf Grund eines Vorschlages des Zentralausschusses des Personals der „Österreichischen Bundesbahnen" berufen. Der Zentralausschuß hat bei der Erstattung seines Vorschlages so vorzugehen, daß wenigstens eine Stelle jener

Organisation zufällt, die bei den Personalvertretungswahlen die zweitgrößte Anzahl von Mandaten erhalten hat. Eine Ablehnung eines vom Zentralausschuß Vorgeschlagenen ist nur dann zulässig, wenn der Betreffende nach der Personalvertretungsvorschrift die Wählbarkeit in die Personalvertretung nicht besitzt. Mitglieder des Nationalrates, des Bundesrates oder eines Landtages, der Bundesregierung oder einer Landesregierung können nicht gleichzeitig Mitglieder der Verwaltungskommission sein.

(3) Die Mitglieder der Verwaltungskommission erhalten keine ständigen Bezüge, haben jedoch Anspruch auf Ersatz ihrer Reiseauslagen.

§ 11

(1) Die Bundesregierung beruft eines der Mitglieder der Verwaltungskommission zum Amte des Präsidenten.

(2) Zwei Vizepräsidenten werden von der Verwaltungskommission aus ihrer Mitte gewählt.

(3) Die Geschäftsordnung wird von der Verwaltungskommission beschlossen.

§ 12

(1) Der Beschlußfassung der Verwaltungskommission unterliegen:

a) die Prüfung und Genehmigung des Rechnungsabschlusses und die Erteilung der Entlastung des Vorstandes;

b) die Geltendmachung der Ersatzansprüche, die der Unternehmung gegen die Mitglieder des Vorstandes erwachsen (§ 6, Absatz 2);

c) die Prüfung von Kreditverträgen, soweit sie der Zustimmung des Bundesministers für Finanzen bedürfen;

d) Änderungen der Tarifbestimmungen, soweit sie an die Genehmigung der Bundesregierung gebunden sind.

(2) Die Verwaltungskommission hat das Recht, vom Vorstand Auskünfte zu verlangen.

(3) Sie kann den Bundesministern für Handel und Verkehr und für Finanzen über ihre Wahrnehmungen Bericht erstatten.

(4) Die Verwaltungskommission kann beschließen, ihrem Präsidenten den Widerruf der Bestellung eines Vorstandsmitgliedes zu empfehlen.

§ 13

Die Bundesminister für Handel und Verkehr, für Finanzen und für Land- und Forstwirtschaft können zu den Verhandlungen der Verwaltungskommission fallweise oder ständig Vertreter mit beratender Stimme entsenden. Diese Vertreter haben das Recht, von der Verwaltungskommission die Behandlung bestimmter Gegenstände zu begehren. Sie können vom Vorstand jederzeit Auskünfte verlangen.

§ 14

(1) Die Unternehmung „Österreichische Bundesbahnen" hat die im Zeitpunkte des Inkrafttretens dieses Gesetzes bestehenden besonderen und allgemeinen Tarife für die Österreichischen Bundesbahnen und der vom Bunde für eigene Rechnung betriebenen Privatbahnen zu übernehmen.

(2) Grundlegende Änderungen der allgemeinen Tarifbestimmungen, Änderungen der Tarifgrundlagen für die Beförderung von Personen, Reisegepäck und Expreßgut, Änderungen der Tarifgrundlagen für die allgemeinen Gütertarifklassen und für jene Artikel, für die allgemeine Tarifklassen nicht vorgesehen sind, endlich Änderungen der volkswirtschaftlich bedeutsamen Ausnahmetarife sind an die vorherige Genehmigung der Bundesregierung gebunden.

(3) In diesen Fällen hat der Vorstand einen begründeten Antrag an den Bundesminister für Handel und Verkehr zu stellen und dieser holt eine gutachtliche Äußerung der Verwaltungskommission zu dem Antrag ein.

(4) Die Entscheidung über den Antrag ist dem Vorstand vom Bundesminister für Handel und Verkehr innerhalb 14 Tagen vom Tage der Einbringung des Antrages kundzutun.

(5) Findet der Bundesminister für Handel und Verkehr den Antrag des Vorstandes nur in einzelnen Belangen für abänderungsbedürftig, so hat er vor der Entscheidung die Stellungnahme des Vorstandes hiezu einzuholen.

(6) Hält die Bundesregierung eine Abänderung der für die Österreichischen Bundesbahnen bestehenden Tarife für erforderlich, so hat der Bundesminister für Handel und Verkehr den Vorstand aufzufordern, innerhalb einer zu bestimmenden, angemessenen Frist einen Antrag im Sinne des Absatzes 2 zu stellen.

(7) Der Vorstand ist verpflichtet, Änderungen der für die Österreichischen Bundesbahnen bestehenden Tarife, die sich infolge zwischenstaatlicher Verträge (Übereinkommen) als notwendig erweisen, zeitgerecht in Vollzug zu setzen.

(8) Auf die Tarifmaßnahmen der vom Bunde für Rechnung der Eigentümer betriebenen Privatbahnen finden die vorstehenden Bestimmungen keine Anwendung; um die Genehmigung dieser Tarifmaßnahmen hat der Vorstand — und zwar, soweit dies in den Betriebsverträgen vorgesehen ist, im Einvernehmen mit den betreffenden Privatbahnverwaltungen — bei der Aufsichtsbehörde einzuschreiten.

§ 15

(1) Zur Aufnahme von Krediten mit einer Laufzeit von mehr als einem Jahr bedürfen die „Österreichischen Bundesbahnen“ der Zustimmung der Bundesminister für Handel und Verkehr und für Finanzen. Zur Aufnahme von inländischen Anleihen im Werte von über 1 Million Goldkronen und von ausländischen Anleihen im Werte von über 500000 Goldkronen ist die Zustimmung der Bundesregierung erforderlich.

(2) Im Rahmen des jährlichen Bundesfinanzgesetzes wird bestimmt, inwieweit der Bundesminister für Finanzen ermächtigt ist, auf Antrag der „Österreichischen Bundesbahnen“ die bücherliche Sicherstellung von Krediten, die dieser Unternehmung gewährt werden, auf das im Eisenbahnbuche verzeichnete unbewegliche Eigentum des Bundes einzuräumen.

§ 16

(1) Die Unternehmung „Österreichische Bundesbahnen“ unterliegt dem staatlichen Hoheits- und Aufsichtsrecht über die Eisenbahnen. Insbesondere obliegt dem Bundesministerium für Handel und Verkehr auch weiterhin

die Überwachung der Einhaltung der gesetzlich und aufsichtsbehördlich angeordneten Maßnahmen zum Schutze der Bediensteten und zur Wahrung der Sicherheit des Verkehrs. Hinsichtlich des Bauzustandes und Betriebes der Österreichischen Bundesbahnen hat zwar eine ständige Kontrolle durch die Hoheitsverwaltung nicht stattzufinden; der Bundesminister für Handel und Verkehr kann sich jedoch von der Einhaltung der bezüglichen Vorschriften fallweise durch seine Organe vergewissern, bei Wahrnehmung von Vorschriftswidrigkeiten die zu deren Abstellung erforderlichen Maßnahmen verfügen und insbesondere auch die Abberufung der schuldtragenden Mitglieder des Vorstandes im Sinne des § 9 verlangen.

(2) Die Vorschriften, durch die eine besondere Bewilligung der Bundesverwaltung für bauliche Herstellungen und Entwürfe welcher Art immer sowie für Betriebsmittel vorgesehen ist, gelten auch für die Unternehmung „Österreichische Bundesbahnen". In allen diesen Beziehungen hat jedoch durch das Bundesministerium für Handel und Verkehr eine fachtechnische Überprüfung der bezüglichen Entwürfe sowie eine fachtechnische Prüfung vor der Erteilung der Benützungsbewilligung nicht zu erfolgen, wenn die Entwürfe von durch den Bundesminister für Handel und Verkehr hiezu autorisierten Fachorganen der Unternehmung unter Berufung auf diese Autorisationen gutgeheißen sind und wenn vor der Erteilung der Benützungsbewilligung die den einschlägigen gesetzlichen Bestimmungen und sonstigen Vorschriften entsprechende Ausführung der Entwürfe von solchen Organen bestätigt wird.

(3) Die näheren Vorschriften über die Autorisation der technischen Fachorgane werden durch Verordnung erlassen.

(4) Die nach den Absätzen 2 und 3 autorisierten Fachorgane sind überdies auch berufen, bezüglich der nicht im Betriebe der Unternehmung „Österreichische Bundesbahnen" stehenden Eisenbahnen auf Verlangen der Eisenbahnbehörde technische Begutachtungen mit der im Absatz 2 bezeichneten Wirkung vorzunehmen.

§ 17

Eine Einflußnahme der Bundesverwaltung auf die Unternehmung „Österreichische Bundesbahnen" und deren Betrieb findet nur nach Maßgabe der geltenden gesetzlichen Bestimmungen statt.

§ 18

(1) Der Vorstand ist verpflichtet, den Bundesministern für Handel und Verkehr und für Finanzen allmonatlich einen Gebarungsausweis vorzulegen. In diesen Gebarungsausweisen ist auch der Stand an schwebenden Schulden, getrennt nach Waren- und Geldschulden, aufzunehmen. Weiters hat er in der ersten Hälfte des Kalenderjahres eine Bilanz und eine Ertragsrechnung für das abgelaufene Geschäftsjahr aufzustellen, die er sowohl der Verwaltungskommission wie den genannten Bundesministern vorzulegen hat.

(2) Die Verwaltungskommission hat die Bilanz und die Ertragsrechnung sogleich in Verhandlung zu ziehen. Der hierüber gefaßte Beschluß ist den Bundesministern für Handel und Verkehr und für Finanzen zu übermitteln.

(3) Ein angemessener Teil des allfälligen Reingewinns ist zur Bildung einer Rücklage zu verwenden. Diese Rücklage dient zur Deckung außerordentlicher Ausgaben sowie von Fehlbeträgen der Ertragsrechnung. Der Rest des Reingewinns fällt dem Bundesschatze zu.

§ 19

Die Unternehmung „Österreichische Bundesbahnen" genießt hinsichtlich der direkten Steuern, Gebühren und sonstigen Abgaben dieselben Begünstigungen, die dem bisherigen Bundesbahnbetriebe derzeit eingeräumt sind.

§ 20

(1) Die näheren Bestimmungen über die Einrichtung der Unternehmung „Österreichische Bundesbahnen" werden in einem Statute festgesetzt, das durch die Bundesregierung mit Verordnung erlassen oder abgeändert wird. Dieses Statut ist amtlich zu verlautbaren und beim Handelsgericht in Wien einzureichen.

(2) Wegen der Übergabe der Betriebsführung der Bundesbahnen an die Unternehmung „Österreichische Bundesbahnen" wird im Verordnungswege näheres bestimmt.

§ 21

Durch die Bestimmungen dieses Gesetzes bleiben die Verpflichtungen, die sich aus den Genfer Protokollen (BGBl. Nr. 842 aus 1922) ergeben, insbesondere auch alle Rechte des Völkerbundrates, des Generalkommissärs und des Kontrollkomitees unberührt.

§ 22

(1) Die Anordnung über eine Liquidation der Unternehmung „Österreichische Bundesbahnen" trifft die Bundesregierung.

(2) Im Falle der Liquidation gehen die Aktiven und Passiven der „Österreichischen Bundesbahnen" auf den Bund über.

§ 23

Mit der Durchführung dieses Gesetzes ist die Bundesregierung betraut.

Hainisch

Seipel **Kienböck**

Frank **Buchinger**

Schneider **Schürff**

Schmitz **Vaugoin**

Grünberger

II.

Verordnung der Bundesregierung vom 19. Juli 1923, BGBl. Nr. 453, betreffend das Statut für die „Österreichischen Bundesbahnen".

Auf Grund des § 19 des Bundesgesetzes vom 19. Juli 1923, BGBl. Nr. 407, über die Bildung eines Wirtschaftskörpers „Österreichische Bundesbahnen" wird nachstehendes Statut der „Österreichischen Bundesbahnen" erlassen.

§ 1

Allgemeine Bestimmungen

1. Die „Österreichischen Bundesbahnen" werden vom Vorstande geleitet.

2. Die Überwachung der Geschäftsführung der „Österreichischen Bundesbahnen" bei gleichzeitiger Wahrung allgemeiner Interessen obliegt der Verwaltungskommission.

3. Zur Besorgung der Geschäfte der Unternehmung „Österreichische Bundesbahnen" bedient sich der Vorstand einer Generaldirektion mit dem Sitze in Wien.

§ 2

Firmazeichnung

1. Die Firma „Österreichische Bundesbahnen" wird derart gezeichnet, daß dem in irgendeiner Weise geschriebenen oder gedruckten Wortlaute der Firma die Unterschrift des Vorsitzenden des Vorstandes (Generaldirektor) allein oder zweier Vorstandsmitglieder oder eines Vorstandsmitgliedes und eines Prokuristen oder zweier Prokuristen beigesetzt wird.

2. Die Prokuristen haben bei Zeichnung der Firma ihrem Namen den Zusatz „per procura" oder „p. p." beizusetzen.

§ 3

Der Vorstand

1. Der Vorstand besteht aus einem Vorsitzenden und vier Vorstandsmitgliedern, von denen eines den Vorsitzenden ständig vertritt.

2. Der Vorsitzende führt den Titel „Generaldirektor", die übrigen Vorstandsmitglieder den Titel „Direktor" mit einem den von ihnen vertretenen Dienstzweig andeutenden Zusatz.

3. Der Generaldirektor und die Vorstandsmitglieder sind für alle auf den Eisenbahnbetrieb bezughabenden Handlungen und Unterlassungen verantwortlich.

4. Der Beschlußfassung des Vorstandes ist vorbehalten:

a) die Erteilung und Entziehung der Prokura oder der Handlungsvollmacht an Beamte des Unternehmens; der Inhalt der Handlungsvollmacht kann auch im Wege der Dienstvorschriften geregelt werden;

b) die Erlassung der Geschäftsordnungen für den Vorstand des Unternehmens, die Generaldirektion und die Bundesbahndirektionen;

c) die Errichtung, Sitzverlegung und Auflassung von Bundesbahndirektionen; solche Beschlüsse unterliegen der Genehmigung der Bundesregierung;

d) Änderungen in der Einteilung der Direktionsbezirke und deren inneren Gliederung der Bundesbahndirektionen;

e) die Aufstellung der Dienstordnung für die Angestellten des Unternehmens sowie der allgemeinen Personalvorschriften und der wichtigeren Gebührenvorschriften;

f) die Ernennung der Beamten der Unternehmung. Der Vorstand ist jedoch berechtigt, das Recht der Ernennung gewisser Kategorien von Beamten an einen der Abteilungsvorstände der Generaldirektion oder an die Vorstände der Bundesbahndirektionen zu übertragen;

g) die Feststellung des jährlichen Wirtschaftsplanes;

h) die Feststellung der Jahresbilanz und der Ertragsrechnung;

i) die Aufnahme von Krediten;

j) die Beschlußfassung über alle Tarifangelegenheiten, welche gemäß § 14 des Bundesgesetzes vom 19. Juli 1923, BGBl. Nr. 407, der Genehmigung der Bundesregierung unterliegen.

5. Der Vorstand hat besondere Vorkehrungen dafür zu treffen, daß der im Finanzgesetze als Bundeszuschuß jeweils vorgesehene Betrag nicht überschritten wird. Die Überschreitung der Ansätze des jährlich aufzustellenden Wirtschaftsplanes oder nicht vorhergesehene Ausgaben, für deren Bedeckung nicht bereits Vorsorge getroffen ist, sind nur mit Zustimmung des mit der Leitung des finanziellen Dienstes betrauten Vorstandsmitgliedes zulässig.

§ 4

Wirkungskreis der Generaldirektion

Der Generaldirektion obliegt:

a) die oberste einheitliche Verwaltung und Beaufsichtigung des Betriebes der „Österreichischen Bundesbahnen“, ihrer Hilfsanstalten und Nebenbetriebe;

b) die unmittelbare Besorgung des Tarifdienstes, des Wagendienstes, des Verkehrseinnahmendienstes, des Werkstättendienstes, der Dienstgüterbeschaffung, die Einführung der elektrischen Zugförderung und die Flüssigmachung der Ruhe- und Versorgungsgenüsse für den ganzen Bundesbahnbereich und die Hauptbuchführung der Unternehmung.

§ 5

Gliederung der Generaldirektion

Die Generaldirektion umfaßt mehrere Abteilungen; ihre Zahl und Gliederung werden in der Geschäftsordnung der Generaldirektion festgesetzt.

§ 6

Der Generaldirektor

An der Spitze der Genraldirektion steht der Generaldirektor. Er sorgt für die ordnungsgemäße Handhabung des Dienstes durch die berufenen Organe und hat diese zur pflichtgemäßen Erfüllung ihrer dienstlichen Obliegenheiten anzuhalten.

§ 7

Bundesbahndirektionen

In unmittelbarer Unterordnung unter der Generaldirektion sind zur Leitung des örtlichen Betriebsdienstes auf den von der Unternehmung „Österreichische Bundesbahnen" betriebenen Eisenbahnen und Schiffahrtslinien die Bundesbahndirektionen berufen.

§ 8

Aufgaben der Bundesbahndirektionen

1. Den Bundesbahndirektionen obliegt unter der obersten Leitung der Generaldirektion und auf Grund der von derselben ergehenden Weisungen die örtliche Verwaltung der zu ihrem Bezirke gehörigen Bahnstrecken (Schiffahrtslinien).

2. Die Bundesbahndirektionen sind für die Sicherheit, Regelmäßigkeit und Ordnung des Betriebes ihm Rahmen ihres örtlichen und sachlichen Wirkungskreises im Sinne der Eisenbahnbetriebsordnung vom 16. November 1851, RGBl. Nr. 1 ex 1852, verantwortlich.

3. Die innere Gliederung der Bundesbahndirektionen wird durch den Vorstand der „Österreichischen Bundesbahnen" bestimmt.

§ 9

Leitung der Bundesbahndirektionen

1. Jede Bundesbahndirektion wird von einem Dienstvorstande geleitet, welcher den Titel „Bundesbahndirektor" führt. Dieser ist für die gesamte Geschäftsführung, insbesondere für die Sicherheit, Ordnung, Regelmäßigkeit und Wirtschaftlichkeit des Betriebes innerhalb seines Direktionsbezirkes verantwortlich.

2. Dem Bundesbahndirektor wird entweder ein administrativ oder ein technisch vorgebildeter Stellvertreter beigegeben, je nachdem der Bundesbahndirektor aus dem technischen oder administrativen Dienste hervorgegangen ist. Der Stellvertreter führt den Titel „Bundesbahndirektorstellvertreter".

3. Der Stellvertreter ist verpflichtet, den Bundesbahndirektor bei Bewältigung seiner Aufgaben zu unterstützen und ihm mit seinem fachlichen Rate zur Seite zu stehen.

4. Sämtliche Organe der Bundesbahndirektionen haben den Dienst innerhalb der bestehenden Vorschriften nach den vom Bundesbahndirektor erteilten Weisungen zu führen und sind ihm für ihre Dienstleistung verantwortlich.

5. Zur Regelung der inneren Dienstführung bei den Bundesbahndirektionen werden vom Vorstande der Unternehmung eine einheitliche Geschäftsordnung sowie Vorschriften über den Kassen-, Rechnungs- und Buchungsdienst erlassen.

§ 10

Wirkungskreis des Bundesbahndirektors

1. Dem Bundesbahndirektor obliegt persönlich, die Ausführung der Anordnungen der Generaldirektion zu veranlassen und zu überwachen, die ihm unterstehenden Organe zur Erfüllung ihrer Obliegenheiten anzuhalten und für ihr gedeihliches Zusammenwirken sowie für die Beobachtung größter Wirtschaftlichkeit im Betriebe zu sorgen.

2. Er hat das Geschäftsergebnis des Bezirkes sorgsam zu beobachten und auf dessen Verbesserung sowie der Betriebsführung überhaupt durch geeignete Maßnahmen innerhalb seines Wirkungskreises und durch Antragstellung bei der Generaldirektion hinzuwirken. Er hat ferner den kommerziellen Bedürfnissen des Bezirkes besondere Aufmerksamkeit zuzuwenden und sich hienach ergebende Anträge an die Generaldirektion unter eingehender Darstellung der besonderen Verhältnisse zu stellen.

3. Bei Gefahr im Verzuge ist der Bundesbahndirektor berechtigt und verpflichtet, auch in Angelegenheiten, welche seinen Wirkungskreis überschreiten, die erforderlichen Verfügungen zu treffen. Behufs nachträglicher Genehmigung derselben hat er sofort der Generaldirektion Bericht zu erstatten.

§ 11

Ausführende Dienststellen

Den örtlichen Betriebsdienst besorgen die ausführenden Dienststellen, ihren Wirkungskreis bestimmt die Generaldirektion.

§ 12

Schlußbestimmung

Das mit Kundmachung des Handelsministers und des Eisenbahnministers vom 19. Januar 1896, RGBl. Nr. 18, erlassene Organisationsstatut für die staatliche Eisenbahnverwaltung in den im Reichsrate vertretenen Königreichen und Ländern samt allen bisher erschienenen, auf dasselbe bezughabenden Ergänzungen und Abänderungen sowie alle sonstigen entgegenstehenden Bestimmungen treten außer Kraft.

Seipel **Kienböck**

Frank **Buchinger**

Schneider **Schürff**

Schmitz **Vaugoin**

Grünberger